THINK
예비목자양육 II

인사말

섬기는 그 한 사람

'THINK 양육'은 지식을 쌓기 위한 성경 공부가 아니라 자신의 가치관을 바꾸는 훈련입니다. THINK 양육의 핵심은 '구속사로 성경을 읽어가는 큐티'를 배우는 데 있습니다. 큐티는 생각하는 훈련입니다. 주님을 알기 전에 우리는 자기중심적인 생각을 합니다. 사건마다, 사람마다 자기 입장에서 생각하기에 다른 사람을 이해하지 못하고, 원망과 불평의 올무에 갇히기 쉽습니다. 그러나 주님은 나 한 사람의 구원을 위해 이 세상의 모든 환경을 움직이셨을 뿐만 아니라 오랜 시간 기다려 주시고 자신의 생명까지 내어 주셨습니다. 이런 주님을 만나게 된 사람은 매 순간 '예수님이라면 나와 같은 상황에서 어떻게 하셨을까?' 하고 생각하게 됩니다.

'생각'(think)을 잘못하면 '가라앉게'(sink) 되고, '탱크'(tank)처럼 자기 열심으로 밀어붙이게 됩니다. 내 생각에 치우치지 않고 예수님처럼 생각하려면 말씀으로 오신 주님을 만나야 합니다. 큐티는 말씀 묵상을 통해 내 생각과 욕심을 가지치기하는 훈련입니다. 성경을 구속사적인 관점으로 보면서 아브라함을 비롯한 수많은 믿음의 조상들의 삶에 자신을 투영시켜 조명하는 것입니다. 그러면서 자신의 죄를 발견하고 주님의 은혜 없이는 살 수 없는 존재임을 깨달으며, 매일 새롭게 거룩한 사람으로 빚어 가는 신앙 훈련입니다. '생각'(think)을 바르게 하면, 어떤 환경에서도 '감사'(thank)가 나오고, 큐티의 궁극적인 목적인 영혼 구원의 사명을 발견하는 데까지 이르게 됩니다.

 이렇게 말씀 앞에 겸손히 자신을 직면하고 하나님의 주권을 인정하면 나의 구원을 위해 어떤 것도 버릴 것이 없음을 깨닫게 됩니다. 말씀 안에서 '나'와 다른 '너'를 이해하고 받아들이며, 상대방의 사건을 주님의 마음으로 깊이 체휼하고, 십자가 지는 사랑으로 나아가게 됩니다. 이렇게 영혼 구원을 목적으로 이타적인 삶을 소망하는 사람들이 모인 공동체는 은혜와 구원의 통로로 쓰임 받게 됩니다.

 THINK양육은 각 과마다 'THINK'의 원리로 진행됩니다.

첫 번째 단계는 '마음 열기'(Telling, 텔링)입니다.
 THINK의 첫 시작, 마음 열기는 예수님을 초청하는 시간입니다. 내 삶이 예수님과 어떤 연관이 있는지 생각해 보면서 마음 문을 열어 봅니다. 예수님은 의인을 찾으러 오신 것이 아니라 죄인을 부르려고 오셨습니다. 예수님을 초청한다는 것은 내 죄를 고백하는 것이기도 합니다. 그리고 주일/수요 설교 말씀을 되새기면서 나를 찾아오신 주님께 마음을 열고 내 생각을 말합니다.

두 번째 단계는 '말씀 읽기'(Holifying, 홀리파잉)입니다.
 우리는 스스로 거룩해질 수 없습니다. 오직 말씀이신 예수님(요1:14)을 만나야만 삶이 거룩해집니다. 매주 주제 큐티 말씀을 묵상할 때, 본문 말씀이 나를 읽고 지나갈 수 있도록 성령의 감동을 구해야 합니다(딤후3:16). 특별히 예비목자양육 과정에서는 구속사적 교리를 더 깊이 다루려고 합니다. 매 과의 주제와 관련한 성경 본문을 더 찾아 묵상하고,

해당 질문에 답하면서 좀 더 포괄적이고, 깊이 있는 묵상으로 인도합니다.

세 번째 단계는 '해석하기'(Interpreting, 인터프리팅)입니다.

우리는 예수님을 영접해도 각자 살아온 방식이 있어서 자기 생각으로 예수님을 만나려고 합니다. 그러나 내 생각에 예수님의 생각을 맞추는 것이 아니라 내 생각을 내려놓고 나를 만나 주신 예수님의 생각을 알아가야 합니다. 그래야 말씀을 구속사로 해석할 수 있습니다. 말씀을 구속사로 해석하는 것은 옳고 그름을 논하는 것이 아니라 하나님의 관점, 곧 구원의 관점으로 성경을 보는 것입니다. 매 과의 '해석하기'는 성경을 구속사적인 관점으로 보고 생각하는 데 큰 도움이 될 것입니다.

네 번째 단계는 '돌아보기'(Nursing, 널싱)입니다.

말씀으로 주님을 만나고 하나님의 관점으로 해석한 다음에는 스스로 말씀을 깨닫는 훈련을 해야 합니다. 주제 도서를 읽고 독후감을 쓰는 동안 매 과의 주제가 좀 더 명확해집니다. 깨달은 말씀에 비추어 자신을 돌아보고, 지체와 공동체를 돌아보게 됩니다. 내가 먼저 양육이 되면 손과 발, 시간과 물질이 가는 '적용'을 하게 되고, 다른 사람을 돌보며 공동체를 섬기는 데까지 나아가게 됩니다.

마지막 단계는 '살아내기'(Keeping, 키핑)입니다.

깨달은 말씀을 마음에 새기고 실제적인 삶을 살아낼 때, 자신과 가정, 공동체를 지킬 수 있습니다. 일주일간 『큐티인(QTin)』(큐티엠 발행 격월간 QT묵상지)을 활용하여 큐티하고, 매주 주제에 맞는 생활 숙제를 하면서 삶의 변화를 경험하게 됩니다. 이렇게 날마다 큐티를 하면서 말씀으로 살아가고, 말씀을 지키는 삶이야말로 가정과 공동체를 중수하는 삶입니다.

특별히 THINK 예비목자양육은 교회 공동체의 소그룹 리더(목장의 목자)를 배출하는 과정입니다. 목자는 소그룹 모임을 인도하면서 소속 성도를 세심하게 관찰하고, 그들의 영적 질서 회복과 유지를 위해 모든 봉사와 섬김을 감당하게 됩니다. 목자는 교회의 목회 원리를 성도 한 사람 한 사람에게 전달하고 그 원리를 따라 목회자를 도와 교회를 섬기는 매우 중요한 직분입니다. 이처럼 중요한 목자의 직분은 함부로 임명할 수도, 임명 받을 수도 없습니다. 따라서 목자로 부름을 받기 위해서는 무척 까다로운 조건을 요구합니다.

소그룹에서 부목자의 역할을 충실히 수행한 성도 중에서, 목자의 추천과 사역자의 판단에 따라 일정 인원을 선발해 예비목자양육을 실시합니다. 예비목자양육은 두 단계로 구성된 10주 과정으로, 목자가 되려면 총 20주간의 모든 과정을 이수해야 합니다. 모든 단계에 목장 인도를 위한 워크숍이 포함되어 있으며, 예비목자양육 I 을 마친 성도 가운데 일부가 목자로 임명되고, 하나님 나라를 확장하는 사명을 감당하게 됩니다.

끝으로, 자기 생각이 넘쳐나는 이 시대에 'THINK 예비목자양육'을 통해 내 생각을 버리고 예수님의 생각을 구하며 그분의 뜻에 따라 최소한의 순종을 할 수 있는 은혜가 임하기를 간구합니다. 무너진 영적 질서가 바로 세워지고 관계가 회복되며, 자신과 가정, 공동체를 중수하는 여러분이 되시기를 주님의 이름으로 축원합니다.

큐티엠 대표

김양재

THINK 양육 개관

THINK 기초양육 (8주)
기독교의 기본 교리를 배우는 과정으로, 세례 교육 과정을 포함합니다. 세례를 받기 위해서는 이 과정을 반드시 수료해야 하며, THINK 양육을 받기 전에 기초를 다지게 됩니다. 매주 8주 과정이 쉬지 않고 순환하여 진행되므로 언제든 양육을 시작할 수 있습니다.

THINK 양육 (10주)
교회 등록 후 3개월이 지난 세례 교인이 소그룹 리더(소속 목장의 목자)의 추천을 받아 신청합니다. 10주 과정으로 1년에 두 차례 모집합니다(모집 방법은 각 교회 방침에 따름). 양육자와 1-3명의 동반자로 구성되며, 성경 지식을 가르치고 배우는 것이 아니라 서로의 삶을 나누고 예수 그리스도를 본받는 훈련입니다. 신앙고백으로 시작해 하나님, 예수님, 성령님에 대해 묵상하고 나누며, 그리스도인의 삶에 대해 실제적으로 배우면서 자기 자신에 대해 알게 됩니다. 이를 통해 큐티와 기도생활, 예배생활이 자연스럽게 삶에 녹아들 것입니다.

THINK 양육교사 (10주)
THINK 양육을 수료한 성도가 다시 양육자로 섬기기 위해 거쳐야 하는 심화 과정입니다. 담당 사역자로부터 동반자를 섬기며 나눔을 인도하는 방법을 훈련받습니다. 교재와 과제물은 THINK 양육과 동일하며, 수료 후에 THINK 양육교사로 섬기게 됩니다. 이기적인 신앙에서 벗어나 영적 리더십을 배우면서 지경이 넓어지며, 자신의 상처와 죄를 깊이 드러냄으로써 영적 갈등의 치유와 회복을 경험하게 됩니다.

THINK 예비목자양육 I · II (총 20주)
리더를 세우기 위한 과정으로, 소그룹(목장)의 목자와 부목자가 목원들을 효과적으로 섬기기 위해 양육되는 과정입니다. THINK 예비목자양육은 두 단계로 나뉘는데, 목자로 섬기게 될 사람은 20주간의 예비목자양육 I · II 과정을 모두 이수해야 합니다. 예비목자양육 I을 마친 성도 가운데 일부가 목자로 부름을 받고, 목자로 세워지면 예비목자양육 II 과정을 수료하게 됩니다. 이로써 하나님 나라를 확장하는 사명을 감당하게 됩니다.

THINK 중보기도 (4주)
THINK 중보기도는 기복(祈福)을 넘어선 팔복(八福)의 기도를 배우는 시간으로, 소그룹 리더의 추천을 받고 세례를 받은 분이라면 참여 가능합니다. 나만을 위해, 가족만을 위해 드렸던 기도의 울타리를 넘어서서 넓게 펼쳐볼 수 있습니다. THINK 중보기도를 통해 중보기도 파수꾼으로 섬길 자격을 얻게 되며, 누군가를 위해 중보기도하는 '기도의 사람'으로 거듭날 것입니다.

THINK 예비목자양육 지침

1. THINK 예비목자양육은 공동체 소그룹(목장)에 소속된 부목자 중에서 목자와 사역자 추천으로 선정합니다(양육을 진행하는 사역자는 '양육자', 양육을 받는 사람은 '동반자'라는 명칭사용).

2. THINK 예비목자양육은 각 목장의 목자와 부목자가 목원들을 효과적으로 섬기기 위해 필요한 양육 과정입니다. 예비목자양육은 두 단계로 각각 10주간 진행되며, 예비목자양육Ⅰ을 마친 부목자 가운데 일부가 목자로 부름을 받고, 목자로 세워지면 예비목자양육Ⅱ 과정을 수료함으로써 총 20주간의 모든 과정을 이수하게 됩니다. 성경 본문을 묵상하고 삶에 적용한 큐티, 믿음생활을 실천하고 그 결과를 기록한 생활 숙제, 다양한 주제 도서를 읽고 자신의 직간접 체험을 기록한 독후감, 주일예배와 수요예배의 설교 말씀 요약, 매일 큐티, 성구 암송 등 높은 집중력을 요구하는 양육 과정입니다. 또한 단계마다 목장 인도를 위한 워크숍이 포함되어 있습니다.

3. 교재를 미리 읽고, 관련 성경 본문(주제 본문)을 충분히 묵상한 뒤 양육에 참여하십시오. 말씀 앞에 겸손히 자신을 직면하고 하나님의 주권을 인정하는 만큼 내 인생을 말씀으로 해석할 수 있습니다.

4. 큐티는 하나의 프로그램이 아니라 날마다 해야 하는 삶의 과정입니다. 양육 기간에는 큐티와 기도 생활, 생활 예배를 결단하고 습관화해야 합니다. 하루의 시작뿐 아니라 모든 시작과 끝에 말씀 묵상이 있어야 합니다. 지식을 얻기 위함이 아니라 내게 약속하신 말씀이 이루어지는 THINK 예비목자양육이 되기를 기도하십시오.

5. 양육 기간 중에 그동안 미처 몰랐던 개인의 문제가 드러날 수 있습니다. 문제가

있는 것이 문제가 아니라 오히려 문제가 없는 것이 문제입니다. 숨겨진 문제가 드러나는 것은 하나님이 일하시기 시작하셨다는 뜻이므로 자신의 연약함을 감추려 하지 말고 진솔하게 나누기 바랍니다. 주님이 말씀하시는 어떤 말씀도 겸손하게 받아들일 수 있도록 기도하고, 사역자에게도 기도요청을 하기 바랍니다.

6. 항상 시간을 엄수하기 바랍니다. 시간의 주인은 주님이십니다. 시간을 소홀히 여기는 것은 주님을 경홀히 여기는 것과 같습니다.

7. 양육 중에는 말씀 나눔 외에 다른 어떤 것에도 마음을 빼앗기지 않도록 주의해야 합니다. 휴대폰은 꺼 두거나 진동으로 해 두고 양육에 집중해 주십시오.

8. THINK 예비목자양육의 일차적 목적은 영혼 구원입니다. 주님은 구원을 위해 뱀같이 지혜롭고 비둘기같이 순결하라고 가르치셨습니다. 의도가 순수해도 지혜롭지 못하면 갈등을 불러일으키고 사소한 것에 상처받을 수 있습니다. 양육자는 기본적으로 동반자의 입장을 공감하며 존중하는 태도가 필요합니다. 일방적으로 가르치는 태도는 동반자에게 정죄감을 불러일으킬 수 있습니다. 자신의 죄를 드러내는 오픈은 하나님 앞에서 하는 것이므로 강요해서는 안 됩니다. 동반자의 믿음 수준에 따라 마음이 열릴 때까지 기다려 주는 것이 필요합니다. 또한 THINK 예비목자양육에서 알게 된 서로에 대한 깊은 나눔은 철저히 비밀을 유지해야 합니다. 그럼에도 실수할 수 있습니다. 그러나 진정한 사랑에는 두려움이 없듯이 상대방에 대한 진정한 관심과 구원에 대한 애통함이 있다면, 하나님께서 우리의 부족과 약함을 선으로 바꾸실 것입니다.

차례

인사말 • 2

THINK 양육 개관 • 6

THINK 예비목자양육 지침 • 8

01 영적 예배: 인생의 목적은 예배(롬 12:1-2) • 14

02 교회 공동체: 섬기는 삶(창 1:9-19) • 30

03 말의 영향력: 온전한 말(약 3:1-12) • 44

04 헌금 생활: 온전한 십일조(느 12:44-13:14) • 60

05 주일과 예배: 안식일(느 13:15-22) • 78

06 결혼의 목적과 원리: 신결혼 vs 불신결혼(느 13:23-31) • 94

07 그리스도인의 인간관계: 속은 자, 속인 자(수 9:16-27) • 110

08 중독과 은혜: 고백의 능력(수 10:15-27) • 126

09 구속사의 핵심: 그는 나보다 옳도다(창 38:12-30) • 142

10 은사와 기질: 분량대로 쓰임 받기(창 49:13-28) • 158

과제물 작성 요령 및 샘플 • 174

과제물 점검표 '하나님 앞에서' • 189

THINK 예비목자양육Ⅱ 과제물 • 190

성구 암송 • 191

그리스도인의 삶은 자기 몸을 하나님이 기뻐하시는 거룩한 산 제물로 드리는 것이고,
그것이 바로 영적 예배입니다.

01

영적 예배

인생의 목적은 예배

로마서 12:1-2

THINK

01 영적 예배
인생의 목적은 예배 로마서 12:1-2

마음 열기 Telling
마음을 열고 생각을
나누는 시간

- 예배를 어떤 마음으로 드리고 있습니까? 모든 예배를 기쁘게 드립니까?
- 주일/수요 설교를 듣고 느낀 점을 나눠봅시다.

말씀 읽기 Holifying
깊은 묵상을 위한 질문과 답

1. 하나님이 받으시는 예배와 받지 않으시는 예배 창세기 4:3-5

3 세월이 지난 후에 가인은 땅의 소산으로 제물을 삼아 여호와께 드렸고 4 아벨은 자기도 양의 첫 새끼와 그 기름으로 드렸더니 여호와께서 아벨과 그의 제물은 받으셨으나 5 가인과 그의 제물은 받지 아니하신지라 가인이 몹시 분하여 안색이 변하니

1) 왜 하나님은 가인과 그의 제물을 받지 않으십니까? (5절)

_____

_____

_____

2) 왜 아벨과 그의 제물은 받으십니까? (4절)

_____

_____

_____

2. 하나님이 받으시는 참된 예배 이사야 1:16-18

16 너희는 스스로 씻으며 스스로 깨끗하게 하여 내 목전에서 너희 악한 행실을 버리며 행악을 그치고 17 선행을 배우며 정의를 구하며 학대 받는 자를 도와주며 고아를 위하여 신원하며 과부를 위하여 변호하라 하셨느니라 18 여호와께서 말씀하시되 오라 우리가 서로 변론하자 너희의 죄가 주홍 같을지라도 눈과 같이 희어질 것이요 진홍같이 붉을지라도 양털같이 희게 되리라

- 하나님이 받으시는 참된 예배는 어떤 모습입니까? (16-17절)

_____

_____

_____

✈ 나의 예배는 어떻습니까? 삶에서 십자가를 지기로 결단하는 예배를 드리고 있습니까? 눈에 보이는 형식과 내 열심으로만 예배를 드리지는 않습니까?

3. 간절한 예배에 요구되는 것 창세기 22:2-8

2여호와께서 이르시되 네 아들 네 사랑하는 독자 이삭을 데리고 모리아 땅으로 가서 내가 네게 일러 준 한 산 거기서 그를 번제로 드리라 3아브라함이 아침에 일찍이 일어나 나귀에 안장을 지우고 두 종과 그의 아들 이삭을 데리고 번제에 쓸 나무를 쪼개어 가지고 떠나 하나님이 자기에게 일러 주신 곳으로 가더니 4제삼 일에 아브라함이 눈을 들어 그곳을 멀리 바라본지라 5이에 아브라함이 종들에게 이르되 너희는 나귀와 함께 여기서 기다리라 내가 아이와 함께 저기 가서 예배하고 우리가 너희에게로 돌아오리라 하고 6아브라함이 이에 번제 나무를 가져다가 그의 아들 이삭에게 지우고 자기는 불과 칼을 손에 들고 두 사람이 동행하더니 7이삭이 그 아버지 아브라함에게 말하여 이르되 내 아버지여 하니 그가 이르되 내 아들아 내가 여기 있노라 이삭이 이르되 불과 나무는 있거니와 번제할 어린 양은 어디 있나이까 8아브라함이 이르되 내 아

들아 번제할 어린 양은 하나님이 자기를 위하여 친히 준비 하시리라 하고 두 사람이 함께 나아가서

1) 하나님이 아브라함에게 원하시는 간절한 예배에는 어떤 것이 요구됩니까? (2,5절)

___

___

___

2) 하나님은 이삭 때문에 애통하고 간절해진 아브라함에게 무엇을 원하십니까? (3절)

___

___

___

3) 왜 제삼 일에 아브라함이 눈을 들어 그곳을 멀리 바라보았습니까? (4절)

___

___

___

4) 아브라함은 간절한 예배를 드리기 위해 어떤 방해 세력을 분별하고 끊어 냅니까? (5-7절)

_____

_____

_____

5) 아브라함은 왜 아들에게 번제할 어린 양을 하나님이 친히 준비하신다고 합니까? (8절)

_____

_____

_____

주제 본문
로마서 12:1-2

1 그러므로 형제들아 내가 하나님의 모든 자비하심으로 너희를 권하노니 너희 몸을 하나님이 기뻐하시는 거룩한 산 제물로 드리라 이는 너희가 드릴 영적 예배니라 2 너희는 이 세대를 본받지 말고 오직 마음을 새롭게 함으로 변화를 받아 하나님의 선하시고 기뻐하시고 온전하신 뜻이 무엇인지 분별하도록 하라

해석하기 Interpreting
구속사로 생각하기

1. 영적 예배는 하나님의 자비하심으로 권하는 것입니다 (1a절).

복음이 우리 삶에 적용되기 위해 가장 필요한 것은 '형제 인식'입니다. 바울은 믿음의 사람 스데반을 죽게 한 자신 같은 죄인도 예수님을 믿고 의로운 자가 되었으니, 나와 너는 형제라고 말합니다. 그래서 그 은혜를 너희에게 권한다고 합니다. 우리에게 바울과 같은 죄 고백과 형제 인식, 사랑과 인내가 있어야 다른 사람도 가르치고 권면할 수 있습니다. 인간의 자비는 너무도 얄팍하지만 하나님의 자비하심은 변하지 않는 사랑과 끊임없는 인내입니다.

2. 영적 예배는 몸을 드리는 것입니다 (1b절).

몸의 주인이 하나님이시기에 우리 몸이야말로 가장 영적인 것입니다. 예수 그리스도를 믿어 의롭다 함을 받은 우리의 몸은 하나님이 거하시는 하나님의 성전입니다. 그리스도인의 삶은 자기 몸을 하나님이 기뻐하시는 거룩한 산 제물로 드리는 것이고, 그것이 영적 예배입니다. 영적 예배에는 합당한 경배, 마땅한 섬김이라는 뜻이 있습니다. 개인 예배인 큐티, 가정 예배, 공 예배를 드리고, 삶의 모든 영역에서 섬기는 생활 예배까지 나아가야 합니다. 제물은 말이 없듯이 영적 예배는 변명도 없고, 말없이 죽어지는 것입니다.

3. 영적 예배는 마음의 변화를 받는 것입니다 (2절).

내가 제물이 되어 하나님이 기뻐하시는 산 제사를 드리기 위해서는 하지 말아야 할 것과 해야 할 것이 있습니다. 먼저 이 세대를 본받지 말아야 합니다. 이 세대의 특징은 '악하고 음란한'(마 12:39)

것입니다. 그런데 우리는 세상의 입시 정보, 재테크, 미모 등 본받고 싶은 것이 너무나 많습니다. 아무리 본받지 않으려고 해도 익숙해진 몸이 그것을 원합니다. 이스라엘 백성이 애굽에서 400년 종노릇을 하다가 구원받았어도 금세 가나안으로 못 갑니다. 열 가지 재앙을 거쳐 겨우 바로에게서 나왔지만, 400년 동안 애굽에서 본받았던 것을 털어 내기 위해 40년 광야 생활이 필요했습니다. 본받을 것이 아무것도 없게 하셔서 하나님만 의지하게 하시는 것이 광야 훈련입니다. 어떻게든 세상을 본받지 말라고 자꾸 없어지게 하시고, 망하게 하십니다. 그것이 이 세대를 본받지 않는 최고의 방법이기 때문입니다.

주제 본문 큐티 예시
로마서 12:1-2

이 세대를 본받은 나
허강민

본문 요약
바울은 "형제들아" 하고 부르며, 우리 몸을 하나님이 기뻐하시는 거룩한 산 제물로 드리라고 권합니다. 이것이 마땅한 영적 예배라고 합니다. 이 세대를 본받지 말고, 하나님의 선하시고 기뻐하시고 온전하신 뜻이 무엇인지 분별하라고 합니다.

질문하기
1. 왜 하나님은 우리 몸을 거룩한 제물로 드리기 원하실까? (1절)
2. 왜 이 세대를 본받지 말고, 하나님의 선하시고 온전하신 뜻을 분별하라고 할까? (2절)

묵상하기
1. 왜 하나님은 우리 몸을 거룩한 제물로 드리기 원하실까? (1절)
바울은 우리 몸이 하나님의 것이기에 그 몸을 하나님께 드리기 위해서는 함부로 더럽히지 말아야 한다고 합니다. 하나님의 성전인 몸이야말로 가장 영적인 것이므로 하나님께서 기뻐하시는 거룩한 산 제물이고, 그것을 드리는 것이 영적 예배라고 합니다.

저는 '인생의 목적이 예배'라는 것을 알지 못했기에 아들이 태어난 지 몇 개월 만에 별거와 이혼을 하면서 죄책감과 수치심에 교회를 떠나 말씀과 예배를 멀리했습니다. IMF 경제 위기를 겪으면서 언제 해고될지 모른다는 불안감과 자녀 양육에 대한 경제적 부담감이 컸고, 온라인 채팅으로 여자들을 만나면서 하나님의 성전인 제 몸을 함부로 더럽히며 일시적으로 잊으려 했습니다. 아들에게는 "넌 엄마도 없고, 집에 돈도 없으니 아빠에게 문제가 생기면 너 혼자 살아야 한다. 네가 믿을 것은 공부밖에 없다"라고 말하면서 심하게 다그쳤습니다. 아이에게는 숙제 분량을 정해 주고, 저는 채팅으로 만난 여자와 음란을 행하느라 새벽에 들어오기 일쑤였습니다. 한번은 집에 여자를 데려왔다가 아이에게 들키기도 했습니다. 그러면서도 아이가 잘하지 못하는 부분을 심하게 질책하고, 사람이 많은 곳에서 혼을 내며 아이의 자존감을 짓밟았습니다. 바울과 같은 형제 인식이 없었기에 아이에게 자비와 사랑이 없는 아빠로 살면서, 하나님이 기뻐하시는 제물이 되지 못했습니다(1절). 결국 아들이 고1 때 '자살 고위험군'에 속한다는 학교의 통보를 받았고, 아들이 고통이 적은 자살 방법과 자살 성공률이 높은 한강 다리를 알아보고 있다는 충격적인 사실을 알았습니다.

2. 왜 이 세대를 본받지 말고, 하나님의 선하시고 온전하신 뜻을 분별하라고 할까? (2절)

바울은 산 제물이 되어 영적 예배를 드리기 위해 악하고 음란한 이 세대를 본받지 말고, 마음을 새롭게 함으로 변화를 받아 언제나 선하시고 온전하신 하나님의 뜻을 분별하라고 합니다.

죽은 제물로 있던 저는 회사에서 갑작스럽게 권고사직을 당하면서 하나님을 다시 찾게 되었습니다. 빈손으로 쫓겨날 직장에서 위로금을 받게 되었고, 기쁜 마음으로 십일조를 드리기 시작했습니다. 또한 채팅으로 만난 자매의 소개로 교회를 다시 찾았고, 주일예배를 드리게 되었습니다.

그러다 악하고 음란한 이 세대를 본받지 말라고 또 하나의 사건이 왔습니다(2절). 혈기로 아들을 때리다가 손뼈가 부러져 깁스를 하고 오십견 진단을 받은 것입니다. 컴퓨터 키보드를 칠 수 없어서 채팅을 끊게 되었고, 대신 치료 기간 동안 여러 설교를 들으면서 말씀을 사모하게 되었습니다.

그렇지만 제 열심만으로는 아이와의 관계가 회복되지 않았습니다. 저는 공동체 없이 지내다가 교회 소그룹 예배를 드리면서부터 몸을 함부로 더럽히고 살았던 죄를 회개하고, 매일 큐티를 하면서 제 삶이 해석되었습니다. 나 자신이 제물이 되는 적용과 예배를 통해 아이와의 관계가 점차 회복되고 실직에 대한 두려움이 사라져 갔습니다. 아들도 교회 공동체에 속해 자신의 아픔을 간증하며 예배가 회복되니 우울증에서도 벗어났습니다. 그리고 고3인데도 수련회와 주일예배에 참석한다는 선생님과 친구들의 조롱에도 예배를 우선했습니다. 아들이 대학 입시를 치르면서 자기소개서에 자신의 고난을 진솔히 담았는데, 하나님이 불쌍히 여기셔서 명문대에 합격하는 은혜를 주셨습니다.

여전히 변하지 않는 제 모습 때문에 아들과의 관계에서 힘든 부분이 있지만, 날마다 큐티를 하면서 예배를 지키고 십일조를 기쁨으로 드리며 하나님의 선하시고 기뻐하시고 온전하신 뜻을 분별하여 저와 같은 고난을 겪는 이들에게 도움이 되려 합니다(2절).

적용하기
- 아들이 힘들어하는 저의 죄와 부족이 남아 있음을 인정하고, 제 구원을 위해 수고한 전처의 재혼 가정을 위해 정기적으로 기도하겠습니다.
- 아이와 일주일에 한 번 이상 큐티 나눔을 하며, 십일조를 넉넉하게 드리겠습니다.

기도하기
거룩한 제물이 되지 못해 하나님의 성전인 제 몸을 함부로 다루고, 욕심으로 자녀를 죽음에 이르게 할 뻔한 죄를 회개합니다. 마음을 새롭게 함으로 변화를 받기 위해서는 하나님이 변화시켜 주셔야 함을 인정합니다. 제 약재료를 다른 사람의 영적 예배 회복을 위해 사용하게 하옵소서.

돌아보기 Nursing
주제 도서 읽고 나누기

- 『이것이 예배이다』(A. W. 토저, 규장)를 읽고, 독후감을 작성해 봅시다.

살아내기 Keeping
한 주의 실천 과제와
매일 큐티

- **생활숙제** 하나님이 기뻐하시는 영적 예배를 드리기 위해 내 몸(재물, 시간, 감정, 지식, 재능 등)을 어떻게 드릴지 적어 보고 한 주간 실천해 봅시다.
- **매일 큐티** 매일 큐티를 통해 한 주간 나 자신과 가정, 공동체를 어떻게 지키려 했는지 돌아봅시다.

성구 암송과 교리 요약

회개의 예배

18여호와께서 말씀하시되 오라 우리가 서로 변론하자 너희의 죄가 주홍 같을지라도 눈과 같이 희어질 것이요 진홍같이 붉을지라도 양털같이 희게 되리라 **이사야 1:18**

우리 손에 피가 가득하면 하나님은 우리의 예배로부터 눈을 가리고 귀를 막으십니다. 내 힘으로는 죄를 짓지 않을 수 없지만, 말씀을 듣는 구조 속에서 회개하는 것이 필요합니다. 내가 회개하고 드러내기로 작정하면 하나님이 기쁘게 "오라!" 하십니다. 이것이 하나님이 받으시는 예배입니다.

영적 예배

1그러므로 형제들아 내가 하나님의 모든 자비하심으로 너희를 권하노니 너희 몸을 하나님이 기뻐하시는 거룩한 산 제물로 드리라 이는 너희가 드릴 영적 예배니라 **로마서 12:1**

우리 몸은 하나님의 것이며 하나님이 거하시는 하나님의 성전입니다. 우리 몸을 산 제물로 드리기 위해서는 개인 예배인 큐티, 가정 예배, 공 예배를 드리면서 삶의 모든 영역에서 섬기는 생활 예배까지 나아가야 합니다. 영적 예배란 합당한 경배와 마땅한 섬김으로 나 자신이 제물이 되는 것입니다.

예배와 교회 공동체로 모일 때 함께 묶여 튼튼해집니다.
각자 자기의 자리에서 열매만 잘 맺으면 하나님이 보시기에 좋은 공동체가 됩니다.

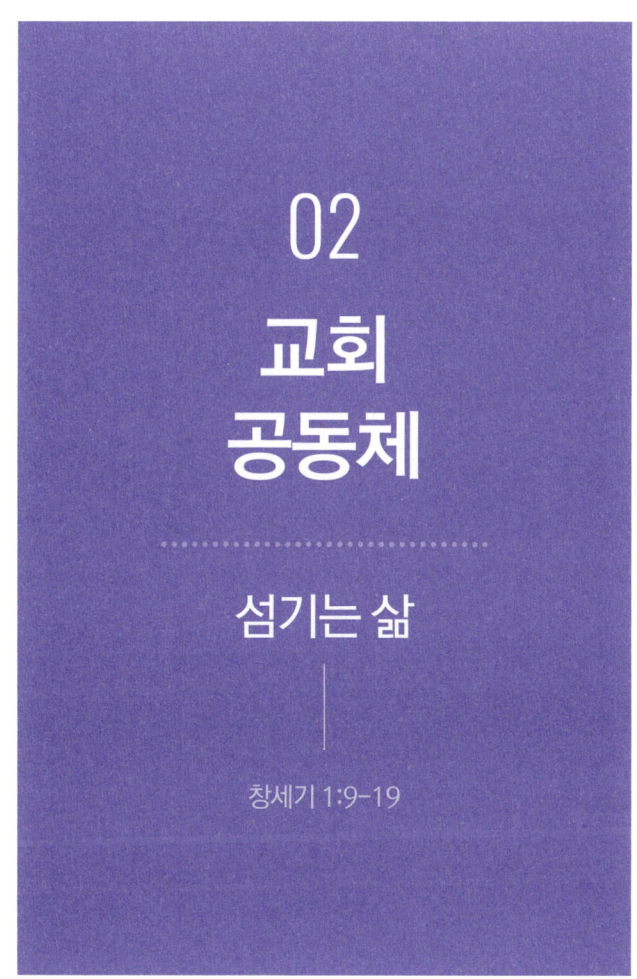

02 교회 공동체
섬기는 삶 창세기 1:9-19

마음 열기 Telling
마음을 열고 생각을 나누는 시간

- 내가 섬겨야 할 가족이나 지체는 누구입니까?
- 주일/수요 설교를 듣고 느낀 점을 나눠봅시다.

말씀 읽기 Holifying
깊은 묵상을 위한 질문과 답

1. 죄의 종에서 순종의 종으로 거듭남 로마서 6:16

16 너희 자신을 종으로 내주어 누구에게 순종하든지 그 순종함을 받는 자의 종이 되는 줄을 너희가 알지 못하느냐 혹은 죄의 종으로 사망에 이르고 혹은 순종의 종으로 의에 이르느니라

- 왜 죄의 종으로 사망에 이르고, 순종의 종으로 의에 이른다고 합니까? (16절)

2. 믿음이 강한 우리의 역할 로마서 15:1-2

1 믿음이 강한 우리는 마땅히 믿음이 약한 자의 약점을 담당하고 자기를 기쁘게 하지 아니할 것이라 2 우리 각 사람이 이웃을 기쁘게 하되 선을 이루고 덕을 세우도록 할지니라

1) 왜 믿음이 강한 우리가 믿음이 약한 자의 약점을 담당해야 합니까? (1절)

_____

_____

_____

2) 왜 이웃을 기쁘게 하되 선을 이루고 덕을 세우라고 합니까? (2절)

_____

_____

_____

3. 대인관계 훈련소, 소그룹 목장 마태복음 19:13-15

13 그때에 사람들이 예수께서 안수하고 기도해 주심을 바라고 어린아이들을 데리고 오매 제자들이 꾸짖거늘 14 예수께서 이르시되 어린아이들을 용납하고 내게 오는 것을 금하지 말라 천국이 이

런 사람의 것이니라 하시고 15그들에게 안수하시고 거기를 떠나시니라

- 왜 제자들은 사람들이 예수께서 안수하고 기도해 주심을 바라고 어린아이들을 데려오는 것을 꾸짖습니까? (13절)

4. 아픔을 털어놓을 수 있는 공동체 마태복음 6:34

34그러므로 내일 일을 위하여 염려하지 말라 내일 일은 내일이 염려할 것이요 한날의 괴로움은 그날로 족하니라

- 왜 내일 일을 염려하지 말라고 합니까? (34절)

주제 본문
창세기 1:9-19

9하나님이 이르시되 천하의 물이 한곳으로 모이고 뭍이 드러나라 하시니 그대로 되니라 10하나님이 뭍을 땅이라 부르시고 모인 물을 바다라 부르시니 하나님이 보시기에 좋았더라 11하나님이 이르시되 땅은 풀과 씨 맺는 채소와 각기 종류대로 씨 가진 열매 맺는 나무를 내라 하시니 그대로 되어 12땅이 풀과 각기 종류대로 씨 맺는 채소와 각기 종류대로 씨 가진 열매 맺는 나무를 내니 하나님이 보시기에 좋았더라 13저녁이 되고 아침이 되니 이는 셋째 날이니라 14하나님이 이르시되 하늘의 궁창에 광명체들이 있어 낮과 밤을 나뉘게 하고 그것들로 징조와 계절과 날과 해를 이루게 하라 15또 광명체들이 하늘의 궁창에 있어 땅을 비추라 하시니 그대로 되니라 16하나님이 두 큰 광명체를 만드사 큰 광명체로 낮을 주관하게 하시고 작은 광명체로 밤을 주관하게 하시며 또 별들을 만드시고 17하나님이 그것들을 하늘의 궁창에 두어 땅을 비추게 하시며 18낮과 밤을 주관하게 하시고 빛과 어둠을 나뉘게 하시니 하나님이 보시기에 좋았더라 19저녁이 되고 아침이 되니 이는 넷째 날이니라

해석하기 Interpreting
구속사로 생각하기

1. 기본적인 마음 밭이 준비되어야 합니다(9-10절).

하나님이 천지창조 셋째, 넷째 날 사역을 시작하십니다. 첫째 날에는 빛과 어둠을, 둘째 날에는 궁창을 위아래로 나누셨는데, 천하의 물은 한곳으로 모이고 뭍은 드러나라고 하십니다(9절). 한쪽은 모여 바다가 되고, 한쪽은 마른 땅이 되었습니다(10절). '모이다'는 함께 묶이고 튼튼하게 한다는 뜻입니다. 예배와 교회 공동체로 함께 묶여 튼튼해지면 뭍으로 드러나게 됩니다. 땅이 물로 덮여 보이지 않을 뻔했는데, 힘든 과정을 통해 드러나니 식물이 자라고 사람이 거하는 환경이 됩니다.

2. 종류대로 열매를 맺어야 합니다(11-13절).

하나님께서는 종류대로 구별해서 창조하셨습니다(11-12절). 식물은 사람과 동물에게 먹히기 위해 지음 받았는데, 야망대로 열매를 맺으려 하면 그것이 지옥입니다. 작은 풀과 채소라도 종류대로 열매만 맺혀 먹히면 됩니다. 풀도, 지렁이도, 하루살이도 모두 독창적인 하나님의 작품입니다. 어떤 환경에 있더라도 나는 하나님의 독창적인 작품이고, 종류대로 열매만 맺으면 보시기에 좋았다고 말씀해 주시는 인생입니다. 열매를 맺으려면 저녁이 되고 아침이 되는 과정이 필요하듯이 날마다 고난의 저녁이 기다리지만 영광의 아침 또한 매일 떠오릅니다.

3. 세상을 비추는 삶입니다(14-19절).

빛과 어둠을 나누시더니 이제는 낮과 밤을 나누십니다(14절). 낮과 밤을 주셔서 밤에는 잠을 자고, 낮에는 일하도록 나눠 주시는 것이 하나님의 사랑입니다. 세상을 비추려면 하나님이 창조하신 낮과 밤에 순종해야 합니다. 내가 큰 광명체인가 작은 광명체인가는 중요하지 않습니다. 모든 낮과 밤의 주관자가 하나님이신 것이 중요합니다. 달은 태양빛을 반사해서 빛을 내기에 태양 앞에 자랑할 것이 없습니다. 마찬가지로 예수 그리스도를 힘입어 의롭게 된 우리는 빛을 비춘다고 해서 자랑하고 생색낼 것이 없습니다. 예수 그리스도를 보기만 하면 살아나는 것처럼 나 역시 다른 사람들이 보기만 하면 빛을 비춰 살아나게 하는 역할을 해야합니다.

주제 본문 큐티 예시
창세기 1:9-19

보시기에 좋은 땅

안현숙

본문 요약
하나님이 셋째 날에 바다와 땅을 만드시고 땅이 각기 종류대로 열매를 맺으니 보시기에 좋았다고 하십니다. 넷째 날에는 하늘에 큰 광명체와 작은 광명체를 만들어 낮과 밤을 주관하게 하시고, 별들을 만들어 땅을 비추게 하시며 빛과 어둠이 나뉘게 하시니 보시기에 좋았다고 하십니다.

질문하기
1. 왜 하나님은 땅을 보시기에 좋았다고 하셨을까? (10절)
2. 왜 하나님은 종류대로 열매를 맺으라 하셨을까? (12절)

묵상하기
1. 왜 하나님은 땅을 보시기에 좋았다고 하셨을까? (10절)
하나님이 천지창조 셋째 날에 바다와 땅을 만드시고 이름도 붙여 주셨습니다. 물이 드러난 땅에서 식물이 거하고 인간이 살아갈 생각을 하시고 보기에 좋다며 기뻐하십니다. 하나님의 창조 질서에 불순종한 저는, 대학원 재학 중에 미혼모가 되었습니다. 교수가 되는 것이 인생의 목표였는데, 그 꿈을 포기한 채 예술학교에 미술 강사로 취직했습니다. 벌거벗겨 드러나지 않고 오직 내 노력으로 풍성한 바다가 되기만을 원하며(9-10절) 지옥을 살다가 바람막이가 되어 줄 것 같은 연하의 남자를 만나 결혼했습니다.

그런데 남편은 제 딸이 자신을 친아빠처럼 대하지 않는다며 불편한 감정을 드러냈습니다. 저는 남편이 원하는 대로 딸과 스킨십을 하게 했다가 이성을 잃고 남편을 고소하기에 이르렀습니다. 그로 인해 상처받았을 아픈 딸을 보듬지 못하고 "내가 더 힘들다"고 회피했는데, 실직과 물질 고난의 한계상황이 되니 말씀이 들렸습니다. 공동체 소그룹에서 죄와 고난을 오픈하고 설교 말씀과 양육의 바람으로 말려 가며 바다와 땅을 나누는 간증을 하게 되었고, 하나님이 보시기에 좋은 땅이 되었습니다(10절).

2. 왜 하나님은 종류대로 열매를 맺으라 하셨을까? (12절)

하나님이 풀과 채소와 나무를 종류대로 구별해서 창조하시고 목적대로 열매만 맺으면 좋다고 말씀하십니다. 그러나 종류대로 열매를 맺으려면 반드시 저녁이 되며 아침이 되는 힘든 과정이 필요하다고 하십니다.

나의 악이 말씀의 빛으로 나뉘어 가니(18절) 교회에서 소그룹 리더로 세워질 무렵, 특별한 관계만 맺고 지내던 학교에서 쫓겨나 광야의 환경에 놓였습니다. 저는 그동안 행복의 잣대로 재물과 학력을 중요시하며 딸아이를 남보다 특별하게 키우려 했고, 이혼의 수치와 상처를 감추고자 명품 옷으로 치장하며 불법과 욕심의 죄를 짓고 살았습니다. 쓸모없는 땅으로 물에 덮여 아프고 이기적인 모습이 보이지 않을 뻔했는데, 저녁이 되고 아침이 되는 사건을 주셔서 제 모습을 인정하게 되었고(19절), 수없는 은혜의 바람으로 말려 주셨습니다.

종류별로 열매 맺는 공동체에 묶여 튼튼하게 되니 힘을 얻어 비로소 독창적인 하나님의 작품으로 사는 것 같습니다(12절). 지금은 예배드리는 데 제약이 없는 가사도우미로 일하며 복음도 전하고 있습니다. 저의 쓴 뿌리와 고난을 약재료 삼아 지체들과 거룩한 관계를 맺으며 그들의 상처를 공감하고, 갖은 상처와 쓰레기를 다 받아 내는 낮은 땅, 옥토가 되어 다른 사람을 섬기며 살겠습니다.

적용하기
- 딸의 말을 끝까지 잘 들어주고, 사랑을 표현하겠습니다.
- 소그룹 예배 때 나누기 편안한 장소와 음식을 정성껏 준비하겠습니다.

기도하기
하나님이 주신 물질과 재능으로 특별한 관계만 맺고, 상처와 욕심으로 죄를 진 것을 회개합니다. 관계와 물질 고난으로 한계상황이 드러나 쓸모없는 땅으로 살 뻔했는데, 비추는 인생이 되게 하시니 감사합니다. 이제 제게 맡겨 주신 사람들을 끝까지 잘 섬기고 열매를 맺어 하나님이 보시기에 좋은 삶으로 사명을 잘 감당하게 하옵소서.

돌아보기 Nursing
주제 도서 읽고 나누기

- 『겸손』(앤드류 머레이, CH 북스)을 읽고, 독후감을 작성해 봅시다.

살아내기 Keeping
한 주의 실천 과제와 매일 큐티

- **생활숙제** 내가 공동체를 위해 맺어야 할 열매는 무엇이고, 그 열매로 누구를 어떻게 섬길지 한 주간 구체적으로 실천해 봅시다.
- **매일큐티** 매일 큐티를 통해 한 주간 나 자신과 가정, 공동체를 어떻게 지키려 했는지 돌아봅시다.

성구 암송과 교리 요약

우리 공동체의 힘

1믿음이 강한 우리는 마땅히 믿음이 약한 자의 약점을 담당하고 자기를 기쁘게 하지 아니할 것이라 **로마서 15:1**

강한 자는 나의 약점을 담당해 줄 '우리'가 있는 사람이고, 약한 자는 '우리' 공동체가 없는 사람입니다. 자기의 기쁨을 구하지 않고 다른 사람의 약점을 담당하려고 하는 자들이 모여 강한 우리 공동체가 됩니다.

보시기에 좋은 공동체

9하나님이 이르시되 천하의 물이 한곳으로 모이고 뭍이 드러나라 하시니 그대로 되니라…… 12땅이 풀과 각기 종류대로 씨 맺는 채소와 각기 종류대로 씨 가진 열매 맺는 나무를 내니 하나님이 보시기에 좋았더라 **창세기 1:9,12**

예배와 교회 공동체로 모일 때 함께 묶여 튼튼해집니다. 바다는 물이 모여 더 풍성해지고 뭍은 드러나 식물이 자라고 사람이 거하는 환경이 됩니다. 각자 자기의 자리에서 열매만 잘 맺으면 하나님이 보시기에 좋은 공동체가 됩니다.

하나님은 우리가 섬기는 삶을 살기 원하십니다.
어떤 상황에서도 다른 사람을 섬기며
빛을 비추라고 우리를 인도하십니다.

내 속에 쉬지 않는 악과 죽이는 독이 가득하다고 쉬지 않고 외치는 것,
나의 부족을 고백하는 것이 가장 온전한 언어이자 변화의 지름길입니다.

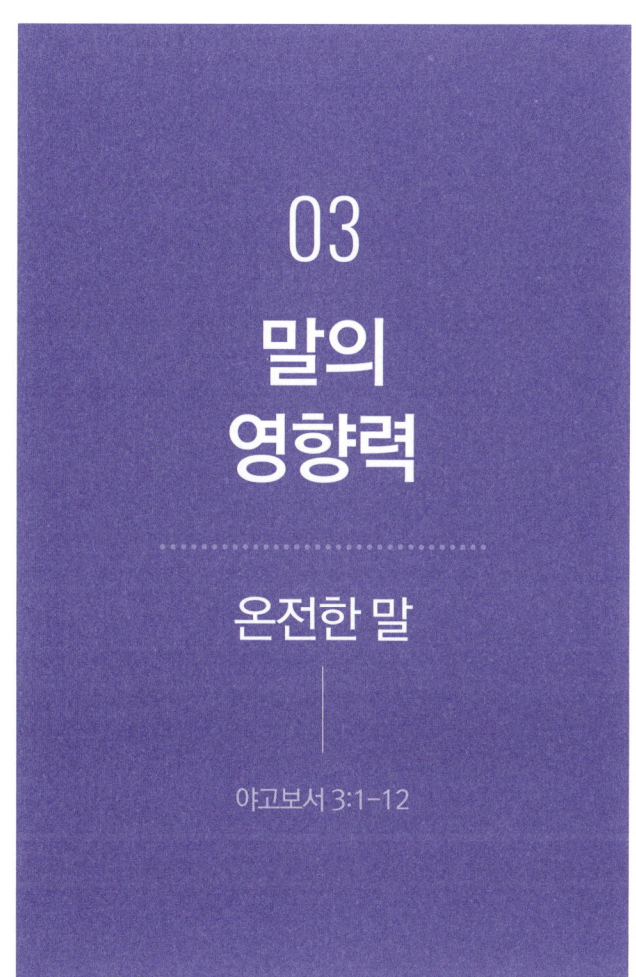

03 말의 영향력
온전한 말 야고보서 3:1-12

마음 열기 Telling
마음을 열고 생각을
나누는 시간

- 대화할 때 말로 상처를 주는 편입니까, 받는 편입니까? 최근에 어떤 말로 상처를 주거나 받았습니까?
- 주일/수요 설교를 듣고 느낀 점을 나눠 봅시다.

말씀 읽기 Holifying
깊은 묵상을 위한 질문과 답

1. 아비가일의 지혜로운 말 사무엘상 25:19-31

19 소년들에게 이르되 나를 앞서가라 나는 너희 뒤에 가리라 하고 그의 남편 나발에게는 말하지 아니하니라…… 23 아비가일이 다윗을 보고 급히 나귀에서 내려 다윗 앞에 엎드려 그의 얼굴을 땅에 대니라 24 그가 다윗의 발에 엎드려 이르되 내 주여 원하건대 이 죄악을 나 곧 내게로 돌리시고 여종에게 주의 귀에 말하게 하시고 이 여종의 말을 들으소서 25 원하옵나니 내 주는 이 불량한 사람 나발을 개의치 마옵소서 그의 이름이 그에게 적당하니 그의 이름이 나발이라 그는 미련한 자니이다 여종은 내 주께서 보내신 소년들을 보지 못하였나이다 26 내 주여 여호와께서 살아 계심을 두고 맹

세하노니 내 주도 살아 계시거니와 내 주의 손으로 피를 흘려 친히 보복하시는 일을 여호와께서 막으셨으니 내 주의 원수들과 내 주를 해하려 하는 자들은 나발과 같이 되기를 원하나이다 27 여종이 내 주께 가져온 이 예물을 내 주를 따르는 이 소년들에게 주게 하시고 28 주의 여종의 허물을 용서하여 주옵소서 여호와께서 반드시 내 주를 위하여 든든한 집을 세우시리니 이는 내 주께서 여호와의 싸움을 싸우심이요 내 주의 일생에 내 주에게서 악한 일을 찾을 수 없음이니이다 29 사람이 일어나서 내 주를 쫓아 내 주의 생명을 찾을지라도 내 주의 생명은 내 주의 하나님 여호와와 함께 생명 싸개 속에 싸였을 것이요 내 주의 원수들의 생명은 물매로 던지듯 여호와께서 그것을 던지시리이다 30 여호와께서 내 주에 대하여 하신 말씀대로 모든 선을 내 주에게 행하사 내 주를 이스라엘의 지도자로 세우실 때에 31 내 주께서 무죄한 피를 흘리셨다든지 내 주께서 친히 보복하셨다든지 함으로 말미암아 슬퍼하실 것도 없고 내 주의 마음에 걸리는 것도 없으시리니 다만 여호와께서 내 주를 후대하실 때에 원하건대 내 주의 여종을 생각하소서 하니라

1) 왜 아비가일은 남편 나발에게는 말하지 않고 떠납니까? (19절)

_____

_____

_____

2) 아비가일은 왜 다윗 앞에 엎드려 남편의 허물을 자신의 허물이라고 말합니까? (23-31절)

_____
_____
_____

2. 지혜로운 자의 혀 잠언 12:18-19

18 칼로 찌름같이 함부로 말하는 자가 있거니와 지혜로운 자의 혀는 양약과 같으니라 19 진실한 입술은 영원히 보존되거니와 거짓 혀는 잠시 동안만 있을 뿐이니라

- 왜 지혜로운 자의 혀는 양약과 같습니까? (18절)

_____
_____
_____

3. 부끄러운 말과 거짓말 골로새서 3:7-9

7 너희도 전에 그 가운데 살 때에는 그 가운데서 행하였으나 8 이제는 너희가 이 모든 것을 벗어 버리라 곧 분함과 노여움과 악의와 비방과 너희 입의 부끄러운 말이라 9 너희가 서로 거짓말을 하지 말라 옛 사람과 그 행위를 벗어 버리고

1) 왜 분함과 노여움과 악의와 비방과 부끄러운 말을 벗어 버리라고 합니까? (8절)

_____

_____

_____

2) 왜 거짓말을 하지 말라고 하면서 옛 사람과 그 행위를 벗어 버리라고 합니까? (9절)

_____

_____

_____

주제 본문
야고보서 3:1-12

1내 형제들아 너희는 선생 된 우리가 더 큰 심판을 받을 줄 알고 선생이 많이 되지 말라 2우리가 다 실수가 많으니 만일 말에 실수가 없는 자라면 곧 온전한 사람이라 능히 온몸도 굴레 씌우리라 3우리가 말들의 입에 재갈 물리는 것은 우리에게 순종하게 하려고 그 온몸을 제어하는 것이라 4또 배를 보라 그렇게 크고 광풍에 밀려가는 것들을 지극히 작은 키로써 사공의 뜻대로 운행하나니 5이와 같이 혀도 작은 지체로되 큰 것을 자랑하도다 보라 얼마나 작은 불이 얼마나 많은 나무를 태우는가 6혀는 곧 불이요 불의의 세계라 혀는 우리 지체 중에서 온몸을 더럽히고 삶의 수레바퀴를 불사르나니 그 사르는 것이 지옥 불에서 나느니라 7여러 종류의 짐승과 새와 벌레와 바다의 생물은 다 사람이 길들일 수 있고 길들여 왔거니와 8혀는 능히 길들일 사람이 없나니 쉬지 아니하는 악이요 죽이는 독이 가득한 것이라 9이것으로 우리가 주 아버지를 찬송하고 또 이것으로 하나님의 형상대로 지음을 받은 사람을 저주하나니 10한 입에서 찬송과 저주가 나오는도다 내 형제들아 이것이 마땅하지 아니하니라 11샘이 한 구멍으로 어찌 단물과 쓴물을 내겠느냐 12내 형제들아 어찌 무화과나무가 감람 열매를, 포도나무가 무화과를 맺겠느냐 이와 같이 짠물이 단물을 내지 못하느니라

해석하기 Interpreting
구속사로 생각하기

1. 말에는 영향력이 있습니다(3-4절).

주인은 말의 입에 재갈을 물림으로써 순종시키고, 사공은 아무리 큰 배라도 작은 키를 이용해 뜻대로 운행합니다(3-4절). 그러나 작은 불이 많은 나무를 태우듯 한마디 말이 치명적인 상처를 남길 수 있습니다. 비방은 살인보다 무섭습니다. 육체의 죽음은 한 번 일어나지만, 명예훼손은 살인이 계속되는 것과 같습니다. 두렵고 떨림으로 이뤄 가야 할 구원의 한가운데 말이 있습니다. 공동체에서 나눔을 하다가도 상처를 주고받을 수 있습니다. 말 한마디로 섬기는 삶 전체가 평가 절하될 수 있기에 조심해야 합니다.

2. 말은 아주 위험합니다(5-8절).

사람은 혀로 자신을 하나님처럼 높일 수 있습니다. 그런데 그 말로, 자랑으로 수많은 사람을 속이고 모독하며 죽일 수 있습니다. 자랑은 도덕적, 인격적 연약의 과시입니다. 이해타산으로 모이는 모임은 자신의 치부는 감추고 자랑하기에 남편이 승진이 안 되고, 자녀가 공부를 못하고, 아파트 값이 떨어지면 그 안에서 해결할 길이 없습니다. 자랑의 배후에 지옥 불이 있습니다. 혀를 만드신 하나님만이 쉬지 않는 악과 죽이는 독이 가득한 혀를 길들이실 수 있습니다(8절). 우리는 눈 하나 깜짝하지 않고 부모, 형제, 보기 싫은 사람들을 미워하고 저주합니다. 생각이 말로 나오는 것이기에 비판하는 사람은 마음에 비통함이 있고, 자랑하는 사람은 마음에 정함이 없습니다.

3. 말에는 이중성이 있습니다 (9-11절).

우리는 하나님의 형상이므로 하나님의 형상에 욕하는 것은 하나님을 저주하는 일입니다. 샘의 근원이 쓴물인지 오염된 것인지를 분별해야 합니다(11절). 생명 물은 오염이 되었어도 변하여 사람을 살립니다. 오염된 물이 깨끗해지도록 돕기란 어렵습니다. 그러나 샘 근원이 있는 사람이면 모두의 수고에 힘입어 깨끗하게 될 날이 올 것입니다. 교회를 다녀도 이중적이고 사기꾼 같은 사람들이 많지만, 자신의 이중성을 보며 '내가 너무 더럽구나' 하고 고백하면 생명 샘의 근원이 있는 사람입니다. 그러나 죄 고백 없이 날마다 죽을 것 같다면 생명 샘 근원이 없는 사람입니다.

4. 온전한 말은 공동체 안에서 내 부족을 고백하는 것입니다 (1절).

온전한 말을 하려면 우리에게 형제가 있어야 합니다. 쉬지 않는 악과 죽이는 독이 가득한 우리이지만, 공동체를 통해 경험하며 깨달을 수 있습니다. 야고보는 전 세계에 복음을 전할 제사장인 우리에게 선생이 많이 되지 말라고 합니다(1절). 그래서 위에서 내려다보며 도와주는 입장이 아니라 낮은 입장에 서야 합니다. 야고보는 혀가 아니라 혀를 이용해 말하는 인간의 마음이 조절 불가능함을 말합니다. 아무 것이나 떠벌리고 싶은 욕구를 통제하는 것이 선생의 자격입니다. 온전한 언어는 사명의 언어이기도 합니다. 유리그릇처럼 다뤄야 하기도 하지만, 죄에 대해 단호히 가르쳐야 할 때도 있습니다. 죄를 가르치는 것과 판단하는 것은 다릅니다. 내 속에 쉬지 않는 악과 죽이는 독이 가득하다고 쉬지 않고 외치는 것, 나의 부족을 고백하는 것이 가장 온전한 언어이자 변화의 지름길입니다.

주제 본문 큐티 예시
야고보서 3:1-12

온전한 말을 하기까지
김병례

본문 요약

혀를 잘못 사용하는 사람은 하나님의 심판을 받습니다. 혀는 몸의 작은 지체로 큰 것을 자랑하고 온몸을 더럽히며 사람의 중요한 부분을 지배하고 영향력을 행사할 수 있습니다. 짐승은 다 길들일 수 있어도 혀의 악한 본성을 길들일 사람은 아무도 없습니다.

질문하기

1. 왜 혀는 지체 중에서 온몸을 더럽히고 삶의 수레바퀴를 불사른다고 할까? (6절)
2. 왜 한입에서 찬송과 저주가 나오고, 이것이 마땅하지 않다고 할까? (10절)

묵상하기

1. 왜 혀는 지체 중에서 온몸을 더럽히고 삶의 수레바퀴를 불사른다고 할까? (6절)

혀는 작은 지체로, 훈련이 필요합니다. 그런데 온갖 짐승은 다 길들일 수 있어도 혀는 길들일 사람이 없습니다. 작은 불이 많은 나무를 태우듯 한마디 말이 치명적인 상처가 될 수 있고, 말로 하는 비방이 살인보다 무섭습니다. 혀는 말과 자랑으로 수많은 사람을 속이고 죽게 합니다. 그 혀를 사용하는 사람의 마음이 그렇기 때문입니다. 어릴 때부터 사랑을 많이 받고 자란 저는, 하고 싶은 것은 해야 직성이 풀리고, 자랑이 많은 아이로 자랐습니다. 교사가 되어 내 원함을 채워 주시는 하나님이 좋아서 목사 후보생과 결혼했지만, 남편은 스스로 옳다 여기며 선생이 되어 사사건건 비판하며 가르쳤고, 저와는 소통이 잘 되지 않았습니다. 저는 후회와 낙심 속에 살면서 몸도, 마음도 병들었습니다. 그 무렵 말씀이 있는 공동체를 만나 지금껏 성공 복음으로 살아온 것을 깨닫고 삶이 해석되어 점차 살아났습니다.

그러나 삶의 목적이 '사역'이었던 저희 부부는 공동체의 만류에도 살던 아파트를 팔아 '카페 교회'를 개척했고, 얼마 지나지 않아 다 잃게 되었습니다. 그 후 남편의 방황이 시작되었습니다. 남편은 지역 사회 운동을 한다면서 가정에 소홀했고, 경제적 기근 속에서 남편의 비방을 들으며 우울할 때가 많았습니다. 아이들도 밖에서는 목사인 아빠가 집에서는 멱살을 잡고 욕하는 이중적인 모습에 혼란스러워 했습니다.

저희 부부는 교회에서 양육을 받으면서, 자녀를 우울하고 무기력하게 만든 위선적인 부모였음이 깨달아져 가슴 치는 회개를 했습니다. 아이들은 교회 공동체에서 엄마인 제가 해 주지 못하는 사랑이 담긴 말을 들으며 안정을 되찾았고, 지금은 군 생활을 잘하고 있습니다.

2. 왜 한입에서 찬송과 저주가 나오고, 이것이 마땅하지 않다고 할까? (10절)
우리는 한입으로 찬송을 하면서 저주를 하기도 합니다. 하나님의 형상으로 지음을 받은 우리가 자녀에게 저주의 말을 한다면, 그것은 하나님을 저주하는 것과 같습니다. 온전한 말은 내 속에 악과 독이 있다고 고백하는 것이고, 이것이 하나님을 찬송하는 가장 아름다운 언어가 될 수 있습니다.

제 남편은 3년간 부목사로 전임 사역을 하다가 내려놓으면서 힘들어 했고, 다시 예수님을 뜨겁게 만나고 싶다고 했습니다. 공동체로 돌아와 택시 운전을 하면서 예배를 드리고, 교회 소그룹 모임에도 참석했습니다. 그러면서 점차 회복되는 듯했으나 여전히 비판을 일삼는 남편과 소통이 되지 않아 애통했습니다.

또한 남편이 여자 문제로 바람이 일고 있는 것 같아 구원의 사건이 되게 해 달라고 마음을 진정시키는 기도를 했습니다. 며칠 뒤 술에 취한 남편이 잠든 사이에 낯선 여자가 보낸 문자로 인해 남편의 외도가 드러났습니다. 남편은 1년간 외도녀를 만났다면서 용서를 빌었고, 저는 교회 소그룹에서 고백하는 것으로 용서를 해 주기로 했습니다. 하지만 시간이 갈수록 분하고 억울해서 남편에게 욕설을 퍼붓고 때리며 화를 풀어냈습니다.

저는 그동안 믿음이 좋은 척했지만, 실상은 남편을 하나님처럼 높이고 하나님의 사람인 것처럼 과시했습니다. 공동체에서도 저도 모르는 자랑을 하고 있었습니다(5절). 남편 우상에, 행복이 목적이 되어 악과 독이 가득한 제 자신이 너무 슬펐습니다. 다 잘한다고 자랑하고 싶은데, 자랑할 것이 없어 지옥 불을 경험하고 살았습니다. 남편에게 구속사의 말씀이 들려 사명 감당할 날을 앞당겨 주시기를 기도합니다. 온전한 말을 하기 위해 제 혀에 재갈도 물리시고, 광풍도 주시고, 육이 무너지게도 하신 하나님을 사랑합니다(3-4절). 온전한 말을 가르쳐 준 공동체에 감사합니다.

적용하기
- 소그룹에서 간증할 때 약재료를 자랑하지 않고 겸손히 증거하겠습니다. 나눌 때마다 내 속의 악과 독을 고백하겠습니다.
- 남편의 외도 사건을 빌미로 더 이상 남편을 욕하며 비방하지 않겠습니다.

기도하기
선생 된 자가 조심해야 할 것은 자랑인데, 제게 고난까지 자랑하고자 하는 끊임없는 교만이 있습니다. 자랑이 받아들여지지 않으면 피해의식으로 인한 두려움과 떨림과 불안이 생깁니다. 그리고 남편의 외도를 통해 제 속에 쉬지 않는 악과 독이 있음을 알게 되었습니다. 제가 먼저 온전한 말을 쓰도록 도와주옵소서. 가족에게도 가르치는 말이 아니라 따뜻한 사랑의 언어를 쓰게 하옵소서.

돌아보기 | Nursing
주제 도서 읽고 나누기

- 『면접』(김양재, QTM)을 읽고, 독후감을 작성해 봅시다.

살아내기 | Keeping
한 주의 실천 과제와
매일 큐티

- **생활숙제** 한 주간 가정, 교회, 직장에서 나의 잘못과 부족을 인정하는 말을 해 보고, 느낀 점을 작성해 봅시다.
- **매일 큐티** 매일 큐티를 통해 한 주간 나 자신과 가정, 공동체를 어떻게 지키려 했는지 돌아봅시다.

성구 암송과 교리 요약

지혜로운 자의 혀

18칼로 찌름같이 함부로 말하는 자가 있거니와 지혜로운 자의 혀는 양약과 같으니라 **잠언 12:18**

내가 먼저 십자가를 지고 낮아지는 훈련을 받으면 말조심을 하게 되고, 양약과 같은 말을 하게 됩니다.

생명의 언어

2우리가 다 실수가 많으니 만일 말에 실수가 없는 자라면 곧 온전한 사람이라 능히 온몸도 굴레 씌우리라 **야고보서 3:2**

나의 부족을 고백하는 것이 가장 깨끗한 언어이며, 다른 사람을 구원으로 이끄는 말이 최고의 말입니다. 온전한 말은 주님 안에서만 가능합니다.

온전한 말은
공동체안에서 내 부족을
고백하는 것입니다.

하나님의 은혜를 받으면 가장 크게 달라지는 것이 헌금 생활입니다.

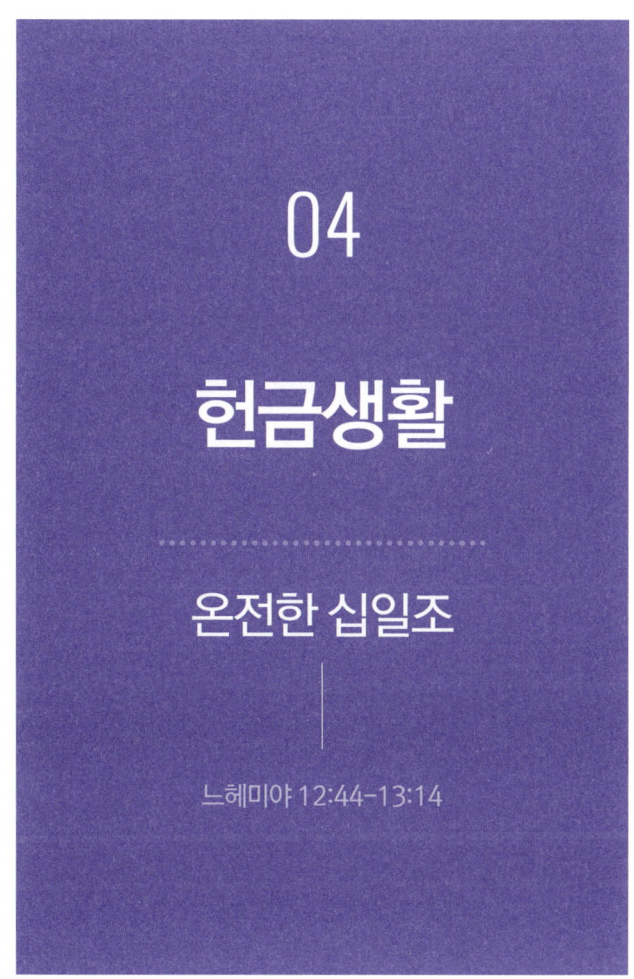

04 헌금생활

온전한 십일조 느헤미야 12:44-13:14

마음 열기 Telling
마음을 열고 생각을 나누는 시간

- 십일조생활을 하고 있습니까? 기뻐서 합니까, 의무적으로 합니까?
- 주일/수요 설교를 듣고 느낀 점을 나눠 봅시다.

말씀 읽기 Holifying
깊은 묵상을 위한 질문과 답

1. 신실한 청지기 누가복음 16:10-12

10지극히 작은 것에 충성된 자는 큰 것에도 충성되고 지극히 작은 것에 불의한 자는 큰 것에도 불의하니라 11너희가 만일 불의한 재물에도 충성하지 아니하면 누가 참된 것으로 너희에게 맡기겠느냐 12너희가 만일 남의 것에 충성하지 아니하면 누가 너희의 것을 너희에게 주겠느냐

1) 왜 지극히 작은 것에 충성된 자는 큰 것에도 충성된다고 합니까? (10절)

_____

_____

_____

2) 왜 불의한 재물에 충성하지 않으면 참된 것을 맡길 수 없다고 합니까? (11-12절)

_____

_____

_____

✔ 내가 가진 재물이 남의 것, 작은 것, 불의한 것으로 여겨집니까?

2. 신앙고백으로 드리는 십일조 창세기 14:20-24

20 너희 대적을 네 손에 붙이신 지극히 높으신 하나님을 찬송할지로다 하매 아브람이 그 얻은 것에서 십분의 일을 멜기세덱에게 주었더라 21 소돔 왕이 아브람에게 이르되 사람은 내게 보내고 물품은 네가 가지라 22 아브람이 소돔 왕에게 이르되 천지의 주재이시요 지극히 높으신 하나님 여호와께 내가 손을 들어 맹세하노니 23 네 말이 내가 아브람으로 치부하게 하였다 할까 하여 네게 속한

것은 실 한 오라기나 들메끈 한 가닥도 내가 가지지 아니하리라 24오직 젊은이들이 먹은 것과 나와 동행한 아넬과 에스골과 마므레의 분깃을 제할지니 그들이 그 분깃을 가질 것이니라

1) 아브라함은 왜 얻은 것의 십분의 일을 멜기세덱에게 줍니까? (20절)

_____

_____

_____

2) 아브라함은 왜 소돔 왕이 주는 물품을 받지 않습니까? (21-23절)

_____

_____

_____

🌱 내가 소유한 모든 재물과 소득이 하나님께로부터 온 것임을 인정합니까?

🌱 십일조를 신앙고백으로 하고 있습니까? 적선하듯이 하고 있습니까?

3) 아브라함은 왜 동행한 이들에게는 분깃을 가지라고 합니까? (24절)

🌱 강요에 못 이겨 헌금을 한 적이 있습니까?

🌱 헌금에 대한 설교를 들으면 어떤 마음이 듭니까?

3. 야곱의 십일조 서원 창세기 28:20-22

20 야곱이 서원하여 이르되 하나님이 나와 함께 계셔서 내가 가는 이 길에서 나를 지키시고 먹을 떡과 입을 옷을 주시어 21 내가 평안히 아버지 집으로 돌아가게 하시오면 여호와께서 나의 하나님이 되실 것이요 22 내가 기둥으로 세운 이 돌이 하나님의 집이 될 것이요 하나님께서 내게 주신 모든 것에서 십분의 일을 내가 반드시 하나님께 드리겠나이다 하였더라

- 야곱은 왜 십분의 일을 하나님께 드리겠다고 서원합니까? (22절)

4. 온전한 십일조 말라기 3:8-10

8 사람이 어찌 하나님의 것을 도둑질하겠느냐 그러나 너희는 나의 것을 도둑질하고도 말하기를 우리가 어떻게 주의 것을 도둑질하였나이까 하는도다 이는 곧 십일조와 봉헌물이라 9 너희 곧 온 나라가 나의 것을 도둑질하였으므로 너희가 저주를 받았느니라 10 만군의 여호와가 이르노라 너희의 온전한 십일조를 창고에 들여 나의 집에 양식이 있게 하고 그것으로 나를 시험하여 내가 하늘 문을 열고 너희에게 복을 쌓을 곳이 없도록 붓지 아니하나 보라

1) 왜 하나님의 것을 도둑질했다고 하십니까? (8절)

_____

_____

_____

2) 왜 온전한 십일조로 하나님을 시험하라고 하십니까? (10절)

_____

_____

_____

주제 본문
느헤미야 12:44-13:14

44 그날에 사람을 세워 곳간을 맡기고 제사장들과 레위 사람들에게 돌릴 것 곧 율법에 정한 대로 거제물과 처음 익은 것과 십일조를 모든 성읍 밭에서 거두어 이 곳간에 쌓게 하였노니 이는 유다 사람이 섬기는 제사장들과 레위 사람들로 말미암아 즐거워하기 때문이라 45 그들은 하나님을 섬기는 일과 결례의 일을 힘썼으며 노래하는 자들과 문지기들도 그러하여 모두 다윗과 그의 아들 솔로몬의 명령을 따라 행하였으니 46 옛적 다윗과 아삽의 때에는 노래하는 자의 지도자가 있어서 하나님께 찬송하는 노래와 감사하는 노래를 하였음이며 47 스룹바벨 때와 느헤미야 때에는 온 이스라엘이 노래하는 자들과 문지기들에게 날마다 쓸 몫을 주되 그들이 성별한 것을 레위 사람들에게 주고 레위 사람들은 그것을 또 성별하여 아론 자손에게 주었느니라 1 그날 모세의 책을 낭독하여 백성에게 들렸는데 그 책에 기록하기를 암몬 사람과 모압 사람은 영원히 하나님의 총회에 들어오지 못하리니 2 이는 그들이 양식과 물로 이스라엘 자손을 영접하지 아니하고 도리어 발람에게 뇌물을 주어 저주하게 하였음이라 그러나 우리 하나님이 그 저주를 돌이켜 복이 되게 하셨다 하였는지라 3 백성이 이 율법을 듣고 곧 섞인 무리를 이스라엘 가운데에서 모두 분리하였느니라 4 이전에 우리 하나님의 전의 방을 맡은 제사장 엘리아십이 도비야와 연락이 있었으므로 5 도비야를 위하여 한 큰 방을 만들었으니 그 방은 원래 소제물과 유향과 그릇과 또 레위 사람들과 노래하는 자들과 문지기들에게 십일조로 주는 곡물과 새 포도주와 기름과 또 제사장들에게

주는 거제물을 두는 곳이라 6 그때에는 내가 예루살렘에 있지 아니하였느니라 바벨론 왕 아닥사스다 삼십이 년에 내가 왕에게 나아갔다가 며칠 후에 왕에게 말미를 청하고 7 예루살렘에 이르러서야 엘리아십이 도비야를 위하여 하나님의 전 뜰에 방을 만든 악한 일을 안지라 8 내가 심히 근심하여 도비야의 세간을 그 방 밖으로 다 내어 던지고 9 명령하여 그 방을 정결하게 하고 하나님의 전의 그릇과 소제물과 유향을 다시 그리로 들여놓았느니라 10 내가 또 알아본즉 레위 사람들이 받을 몫을 주지 아니하였으므로 그 직무를 행하는 레위 사람들과 노래하는 자들이 각각 자기 밭으로 도망하였기로 11 내가 모든 민장들을 꾸짖어 이르기를 하나님의 전이 어찌하여 버린 바 되었느냐 하고 곧 레위 사람을 불러 모아 다시 제자리에 세웠더니 12 이에 온 유다가 곡식과 새 포도주와 기름의 십일조를 가져다가 곳간에 들이므로 13 내가 제사장 셀레먀와 서기관 사독과 레위 사람 브다야를 창고지기로 삼고 맛다냐의 손자 삭굴의 아들 하난을 버금으로 삼았나니 이는 그들이 충직한 자로 인정됨이라 그 직분은 형제들에게 분배하는 일이었느니라 14 내 하나님이여 이 일로 말미암아 나를 기억하옵소서 내 하나님의 전과 그 모든 직무를 위하여 내가 행한 선한 일을 도말하지 마옵소서

해석하기 Interpreting
구속사로 생각하기

1. 즐겁게 해 주는 지도자가 있어야 합니다(44절).

백성이 낙성식 후에 제사장들과 레위 사람들을 위해 심히 즐거워서 십일조를 쌓았다고 합니다(44절). 백성을 즐겁게 하는 지도자는 돈이 아니라 하나님을 섬깁니다. 날마다 회개의 결례를 행하고, 하나님의 명령을 행하면서 예배를 회복시킨 것입니다. 하나님 자체를 기뻐하고, 하나님이 하신 일에 감사하고, 찬송과 감사의 노래를 가르쳐 주고, 성경을 읽게 하는 지도자입니다. 즐겁게 해 주는 지도자가 사람들로 하여금 십일조를 하게 만들고, 죄를 짓지 않게 하고, 축복의 통로가 되게 합니다.

2. 심히 근심하게 하는 지도자가 있습니다(4-7절).

근심하게 하는 지도자는 세상을 좋아하는 부모나 목사를 말합니다. 느헤미야가 원대복귀해서 아닥사스다 왕에게 돌아갔는데, 그동안 십일조를 맡아서 관장하던 제사장 엘리아십이 이스라엘을 괴롭히고 음모를 일으켰던 암몬 사람 도비야와 혼인까지 맺고 십일조 방을 내어 주었습니다(4-7절). 제사장이 백성의 십일조에 의지하기보다 도비야의 세상 권력을 의지하고자 합니다. 우리는 급한 일이 생기면 세상 세력과 결탁하고 싶습니다. 하지만 자신이 심히 근심하게 하는 지도자인지, 즐겁게 해 주는 지도자인지 생각해 보아야 합니다.

3. 성도 자신의 신앙고백이 있어야 합니다(1-3절).

모압과 암몬 사람이 아무리 잘나고 잘살아도 '저 사람은 믿음이 없어, 같이 가기 힘든 믿음이야' 하고 객관적으로 분별해 내는 믿음이 있어야 십일조를 할 수 있습니다(1-2절). 내 식구여도 믿음이 같지 않음을 애통해하며 객관적으로 볼 수 있는 사람이 하나님에 대한 신앙고백으로 십일조를 드릴 수 있습니다.

4. 십일조는 반드시 해야 합니다(8-12절).

지도자가 근심하게 하든, 신앙고백이 있든 없든, 십일조는 축복의 통로이기에 반드시 해야 합니다. 십일조를 안 하는 것을 보면서 심히 근심해야 합니다. 느헤미야가 백성들의 십일조 신앙을 회복시키기 위해 엘리아십 제사장은 꾸짖지 않고, 도비야는 내쫓고, 민장들을 꾸짖고, 레위 사람을 처소에 세우는 일을 반복하니까 십일조를 기쁘게 드렸다고 합니다(8-12절). 느헤미야의 개혁 후에 은혜를 받은 이들의 십일조생활부터 달라졌습니다. 헌금이라고 하지 않고 특별히 십일조라고 한 것은 그것이 신앙고백이기 때문입니다.

주제 본문 큐티 예시

느헤미야 12:44-13:14

도둑질한 십일조

강태도

본문 요약

이스라엘 백성이 성벽을 중수하고 즐거워서 십일조를 드리고, 성전에 쓸 것을 쌓았습니다. 백성이 느헤미야가 들려주는 성경을 듣고 모압과 암몬을 분리해 냅니다. 그런데 느헤미야가 바벨론에 가 있는 동안 제사장 엘리아십이 도비야와 결탁하여 큰 방을 내어 줍니다. 돌아온 느헤미야가 도비야의 세간을 내어던지고 민장들을 꾸짖어 레위 사람들을 다시 세웁니다.

질문하기

1. 이스라엘 백성은 어떻게 즐거워하는 마음으로 십일조를 하게 되었을까? (44절)
2. 왜 느헤미야는 도비야의 세간을 내어던지고 민장들을 꾸짖었을까? (8, 11절)

묵상하기

1. 이스라엘 백성은 어떻게 즐거워하는 마음으로 십일조를 하게 되었을까? (44절)

백성들은 바벨론 포로에서 돌아와 먹고 살기도 힘들었을 것입니다. 그럼에도 지도자 느헤미야에게 순종하며 성벽을 중수하고, 제사장과 레위 사람 때문에 즐거워하며 율법에 정한 대로 십일조를 드렸습니다.

저는 결혼을 하고 나서 병원을 개원했는데, 십일조를 한 번도 한 적이 없었습니다. 해야 한다는 것은 알고 있었지만 처음에는 수입이 적어 병원 운영과 가족이 먼저라며 하지 않았고, 나중에는 너무 많아 아까워서 못했습니다. 결국 다 제 욕심으로 하지 못했고, 십일조를 생각하면 괴로워서 애써 외면하려고 했습니다. 십일조를 하지 않아도 병원은 승승장구했고, 가정도 평화로웠습니다. 음란한 저는 아내와 아이들이 두 달여 해외 연수를 간 사이에 바람을 피웠고, 친구 소개로 부동산에 1억을 투자했다가 다 날리고 말았습니다. 그 후 아내는 술에 취해 새벽에 들어오는 날이 잦았고, 결국 험난한 이혼 소송을 겪게 되었습니다.

힘든 이혼 소송 중에 교회를 찾았고, 말씀과 공동체는 제게 샘물 같았습니다. 주일과 수요예배가 기다려졌고, 소그룹 모임에도 가고 싶어졌습니다. 그때까지 저는 재산과 아이들을 찾는 것이 목적이었는데, 어느 날 큐티를 하는데 불의한 재물은 모두 빼앗길 것이라는 말씀이 눈에 들어왔습니다(눅 16:11). 저는 돈이 더 중요하고 좋았기 때문에 교회를 떠날 생각도 했습니다. 그런데 며칠 뒤 수요예배에서 하나님이 나를 끝까지 놓지 않으신다는 말씀이 크게 들렸습니다. 말씀을 들으면서 회개를 하고, 강퍅한 마음이 풀리면서 돈에 대한 집착을 내려놓게 되었습니다(45절). 당시 돈이 없어 월세 40만 원짜리 원룸에서 불편하게 생활했는데, 십일조를 드려야겠다는 마음이 들었습니다. 강남에 있는 아파트에서 잘 먹고 잘살 때는 아까워서하지 못했던 십일조였습니다. 그럼에도 온전한 십일조가 아닌, 적은 월정액을 십일조 헌금 봉투에 드렸습니다. 돈에 대한 욕심 때문에 온전한 순종을 하지 못하고, 정한 율례대로 십일조를 드리지 않은 것입니다(44절).

2. 왜 느헤미야는 도비야의 세간을 내어던지고 민장들을 꾸짖었을까? (8, 11절)

느헤미야가 바사로 돌아간 사이에 제사장 엘리아십이 돈과 권력에 결탁해 성벽 중수를 방해하던 도비야에게 십일조가 있는 큰 방을 내주었습니다. 그리고 느헤미야가 다시 돌아와 도비야의 세간들을 모두 밖으로 내던졌습니다.

즐겁고 기쁜 마음으로 말씀과 예배를 사모했지만, 저는 여전히 제대로 된 십일조가 아닌 월정액을 드렸고, 눈에 띄는 음란물을 컴퓨터에 모아 두고 있었습니다. 그러던 어느 날, 수요예배에 다녀와서 잠을 자는데 병원에 불이 났다는 전화가 걸려 왔습니다. 부리나케 병원으로 달려갔지만 이미 일부는 불탔고, 실내는 온통 물바다가 되어 값비싼 장비들이 물에 잠긴 상태였습니다.

허탈한 마음으로 집에 돌아와 왜 이런 일이 일어났는지를 묵상하다가 컴퓨터에 저장해 둔 음란물이 생각났습니다. 그동안 수없이 지우려 했지만 차마 지우지 못한 것들을 다 지우고 나니 속이 시원하고 후련했습니다(1-2절). 또한 월정액으로 드리던 십일조가 떠올랐습니다. 이혼 전까지 십일조를 하지 않고 하나님의 것을 도둑질하며 모아 둔 비자금은 이혼 소송과 아파트 융자금을 갚는 데 쓰고, 부동산에 잘못 투자해 전부 다 잃었습니다. 지금 생각해도 하나님이 하신 일이라고 생각합니다. 병원의 화재 사건으로 제 음란과 욕심을 분별해 밖으로 내던지게 되었고(3, 8절), 지금은 예배가 회복되어 결례를 행하며(45절) 온전한 십일조를 드리고 있습니다(12절). 앞으로 삶에서 모압과 암몬을 잘 분별해 욕심을 가지치기하겠습니다.

적용하기
- 십일조와 헌금하는 것을 아까워했던 마음을 버리고 온전하고 넉넉하게 드리겠습니다.
- 음란을 자극하는 기사는 클릭하지 않겠습니다.

기도하기
많은 경고의 사건에도 욕심 때문에 하나님의 것을 도둑질하여 불의한 재물을 쌓았습니다. 이제 모두 빼앗긴 것이 마땅하다고 인정이 되오니 불쌍히 여겨 주옵소서. 제가 주님을 많이 아프게 했습니다. 날마다 말씀과 예배로 성벽을 쌓고 결례를 행하려 하오니 도와주옵소서.

돌아보기 Nursing
주제 도서 읽고 나누기

- 『말씀을 먹으라』(김양재, QTM)를 읽고, 독후감을 작성해 봅시다.

살아내기 Keeping
한 주의 실천 과제와
매일 큐티

- **생활숙제** 십일조와 헌금, 나머지 돈을 어디에 쓰는지 가계부를 써 본 후, 물질을 규모 있게 쓰고 있는지 점검해 봅시다.
- **매일큐티** 매일 큐티를 통해 한 주간 나 자신과 가정, 공동체를 어떻게 지키려 했는지 돌아봅시다.

성구 암송과 교리 요약

하나님의 것

8사람이 어찌 하나님의 것을 도둑질하겠느냐 그러나 너희는 나의 것을 도둑질하고도 말하기를 우리가 어떻게 주의 것을 도둑질하였나이까 하는도다 이는 곧 십일조와 봉헌물이라 **말라기 3:8**

하나님의 것인데 내 것이라고 생각하니까 도둑질을 하게 됩니다. 십일조를 안 하는 사람은 시간도, 감정도 다 도둑질하는 것입니다. 내가 하나님의 것을 도둑질했다면 회개해야 합니다.

십일조 훈련

12이에 온 유다가 곡식과 새 포도주와 기름의 십일조를 가져다가 곳간에 들이므로 **느헤미야 13:12**

하나님의 은혜를 받으면 가장 크게 달라지는 것이 헌금생활입니다. 날마다 하나님과 물질 사이에서 하나님을 선택하는 훈련을 하면서 신앙고백으로 헌금을 드리는 것이 십일조 훈련입니다.

십일조는 '모든 것이 하나님께로부터 왔다'는 신앙고백입니다.

벗어버리고 싶은 힘든 환경을 하나님의 뜻 안에서 구별된 시선으로 바라보는 것,
나의 고난의 환경이 거룩함을 이루는 복된 십자가로 바뀌는 것이 안식입니다.

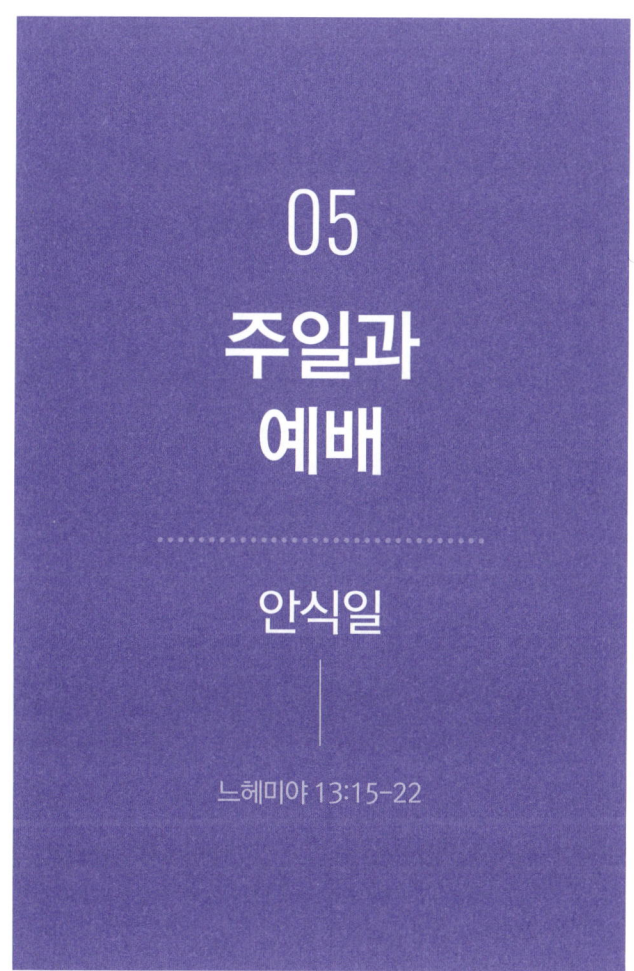

05 | 주일과 예배

안식일 느헤미야 13:15-22

마음 열기 Telling
마음을 열고 생각을
나누는 시간

- 안식일을 잘 지키고 있습니까? 안식일을 지키기 위해 어떤 노력을 하고 있습니까?
- 주일/수요 설교를 듣고 느낀 점을 나눠 봅시다.

말씀 읽기 Holifying
깊은 묵상을 위한 질문과 답

1. 안식의 의미 창세기 2:2-3

2 하나님이 그가 하시던 일을 일곱째 날에 마치시니 그가 하시던 모든 일을 그치고 일곱째 날에 안식하시니라 3 하나님이 그 일곱째 날을 복되게 하사 거룩하게 하셨으니 이는 하나님이 그 창조하시며 만드시던 모든 일을 마치시고 그날에 안식하셨음이니라

1) 하나님은 왜 일곱째 날에 모든 일을 그치고 안식하십니까? (2절)

2) 하나님은 왜 일곱째 날을 복되고 거룩하게 하십니까? (3절)

_____

_____

_____

2. 안식일의 주인 마태복음 12:1-8

1 그때에 예수께서 안식일에 밀밭 사이로 가실 새 제자들이 시장하여 이삭을 잘라먹으니 2 바리새인들이 보고 예수께 말하되 보시오 당신의 제자들이 안식일에 하지 못할 일을 하나이다 3 예수께서 이르시되 다윗이 자기와 그 함께한 자들이 시장할 때에 한 일을 읽지 못하였느냐 4 그가 하나님의 전에 들어가서 제사장 외에는 자기나 그 함께한 자들이 먹어서는 안 되는 진설병을 먹지 아니하였느냐 5 또 안식일에 제사장들이 성전 안에서 안식을 범하여도 죄가 없음을 너희가 율법에서 읽지 못하였느냐 6 내가 너희에게 이르노니 성전보다 더 큰 이가 여기 있느니라 7 나는 자비를 원하고 제사를 원하지 아니하노라 하신 뜻을 너희가 알았더라면 무죄한 자를 정죄하지 아니하였으리라 8 인자는 안식일의 주인이니라 하시니라

1) 제자들은 왜 안식일에 이삭을 잘라 먹었습니까? (1절)

_____

_____

_____

🌱 나는 무엇에 시장합니까? 남들보다 학벌이 없어서, 재산이 없어서, 자식들이 잘 안돼서 시장하고 갈급합니까?

🌱 성공과 물질이 아닌 말씀에 대한 영적 시장함이 있습니까?

2) 바리새인들은 왜 제자들이 잘못했다고 말합니까? (2절)

_____

_____

_____

🌱 주일에 해서는 안 되는 일들을 만들어 놓고 나 자신과 다른 사람을 정죄하지는 않습니까?

🌱 예배를 통해 안식을 누리며 힘을 얻습니까? 자녀가 대학에 붙고, 돈 많이 벌고, 승진하기 위한 목적으로 열심히 봉사하다가 기진 맥진합니까?

3) 예수님이 다윗의 일을 언급하시는 이유는 무엇입니까? (3-4절)

_____

_____

_____

4) 왜 제사장은 안식일에 성전에서 안식을 범해도 죄가 없다고 합니까? (5-6절)

_____

_____

_____

5) 왜 인자가 안식일의 주인이라고 하십니까? (8절)

_____

_____

_____

- 십자가 지신 예수님을 안식일의 주인으로 모시고 다른 사람을 위해 헌신하는 주일을 보냅니까?

- 이삭을 잘라먹은 제자들을 비방한 바리새인처럼 가난하고 힘든 사람을 무시하며 멀리합니까?

3. 안식일 계명 출애굽기 20:8-11

8안식일을 기억하여 거룩하게 지키라 9엿새 동안은 힘써 네 모든 일을 행할 것이나 10일곱째 날은 네 하나님 여호와의 안식일인즉 너나 네 아들이나 네 딸이나 네 남종이나 네 여종이나 네 가축이나 네 문안에 머무는 객이라도 아무 일도 하지 말라 11이는 엿새 동안에 나 여호와가 하늘과 땅과 바다와 그 가운데 모든 것을 만들고 일곱째 날에 쉬었음이라 그러므로 나 여호와가 안식일을 복되게 하여 그날을 거룩하게 하였느니라

- 안식일을 거룩하게 지켜야 하는 이유는 무엇입니까? (8절)

  _____

  _____

  _____

🌱 주일에 안식한다고 잠만 자려고 하거나 놀러 갈 계획만 짜고 있지는 않습니까?

🌱 하나님이 율법으로 정해 주신 안식일을 귀히 여기며 내 시간과 재물을 구별해서 드리고 있습니까?

주제 본문

느헤미야 13:15-22

15그때에 내가 본즉 유다에서 어떤 사람이 안식일에 술틀을 밟고 곡식단을 나귀에 실어 운반하며 포도주와 포도와 무화과와 여러 가지 짐을 지고 안식일에 예루살렘에 들어와서 음식물을 팔기로 그날에 내가 경계하였고 16또 두로 사람이 예루살렘에 살며 물고기와 각양 물건을 가져다가 안식일에 예루살렘에서도 유다 자손에게 팔기로 17내가 유다의 모든 귀인들을 꾸짖어 그들에게 이르기를 너희가 어찌 이 악을 행하여 안식일을 범하느냐 18너희 조상들이 이같이 행하지 아니하였느냐 그래서 우리 하나님이 이 모든 재앙을 우리와 이 성읍에 내리신 것이 아니냐 그럼에도 불구하고 너희가 안식일을 범하여 진노가 이스라엘에게 더욱 심하게 임하도록 하는도다 하고 19안식일 전 예루살렘 성문이 어두워갈 때에 내가 성문을 닫고 안식일이 지나기 전에는 열지 말라 하고 나를 따르는 종자 몇을 성문마다 세워 안식일에는 아무 짐도 들어오지 못하게 하였으므로 20장사꾼들과 각양 물건 파는 자들이 한두 번 예루살렘 성 밖에서 자므로 21내가 그들에게 경계하여 이르기를 너희가 어찌하여 성 밑에서 자느냐 다시 이같이 하면 내가 잡으리라 하였더니 그 후부터는 안식일에 그들이 다시 오지 아니하였느니라 22내가 또 레위 사람들에게 몸을 정결하게 하고 와서 성문을 지켜서 안식일을 거룩하게 하라 하였느니라 내 하나님이여 나를 위하여 이 일도 기억하시옵고 주의 크신 은혜대로 나를 아끼시옵소서

해석하기 | Interpreting
구속사로 생각하기

1. 경제적 풍요가 안식을 주는 것은 아닙니다(15-16절).

성벽 낙성식 후에 느헤미야가 바사에 간 동안 이스라엘 백성의 신앙이 흔들리고 있습니다. 엘리아십이 도비야와 결탁을 하니 어떤 유다 사람은 안식일에 술틀을 밟고, 이방인 두로 사람은 경제적 유익을 위해 안식일에 장사를 합니다(15-16절). 이방인에게 하나님을 전하고 안식일을 가르쳐야 하는데, 도리어 안식일을 범하게 합니다. 느헤미야는 이것을 인식하고 즉각 지적합니다. 지도자는 이처럼 지체들의 영적 상태를 알아보고 관심을 기울여야 합니다. 잘못된 것을 알았다면 지체하지 말고 바로잡아야 합니다. 경제적 풍요가 안식을 가져오는 것은 아니기 때문입니다.

2. 안식일을 지키지 않으면 진노와 재앙이 임합니다(17-18절).

안식일의 첫 가르침은 '하나님이 모든 것을 지으신 후에 일곱째 날에 쉬셨다'는 것입니다(창 2:3). 출애굽 한 이스라엘 백성에게는 십계명 중에 넷째 계명으로 "안식일을 기억하여 거룩하게 지키라"(출 20:8)라고 하십니다. 가나안 입성을 앞두고는 '너희가 종 되었던 땅에서 인도하신 여호와를 기억하여 안식일을 지키라'고 하십니다(신 5:15). 안식일 계명을 축복으로 주셨지만, 백성들이 지키지 않았습니다. 예레미야가 바벨론 포로로 잡혀가기 전에 목이 터져라 '안식일을 지키지 않으면 성문이 불에 탄다'고 경고했지만(렘 17:27), 결국 예루살렘이 불사름을 당했습니다. 언약의 자손임을 잊고 살면 죽을 수밖에 없다고 경고하시는 것입니다.

3. 안식일은 반드시 지켜야 합니다(19절).

느헤미야가 안식일에 장사하는 것을 필사적으로 막습니다(19절). 안식은 거룩이고, 거룩은 구별입니다. 일곱째 날에 복을 주셨다는 것은 세상과 구별되는 가치관에서 안식이 온다는 뜻입니다. 내 멍에가 예수님의 멍에로 바뀌는 것이 쉽입니다(마 11:28-30). 안식은 환경이 바뀌는 것이 아니라 예수님과 연결되는 것입니다. 예수님이 구속사를 완성하고 부활하신 날이 안식일 후 첫날입니다. 성도에게는 육을 입고 태어난 첫 출생보다 복음으로 거듭난 중생이 훨씬 중요하기 때문에 주일을 지키는 것입니다. 안식일을 지키는 것은 지금의 주일성수입니다. 주일성수에 일주일의 성패가 달려 있기 때문에 토요일부터 안식일을 못 지키게 하는 모든 요소를 단호하게 물리쳐야 합니다.

4. 거룩한 지도자가 안식일을 지키게 합니다(22절).

지도자 한 사람의 역할이 중요합니다. 성문을 지키는 것은 레위의 의무였지만, 느헤미야가 자신의 종자들로 감당하게 합니다. 십일조 신앙과 안식일 신앙을 지키게 하려면 레위가 몸을 정결하게 하는 것이 필수입니다(22a절). 우리 몸은 우리가 드릴 거룩한 영적 예배라고 하십니다. 느헤미야가 개혁을 행할 때 맹렬한 거부가 일어났어도 주님을 의지해서 이겨냅니다. 하나님이 우리를 긍휼히 여기시고, 도와주실 것을 기도해야 합니다(22b절). 하나님은 사람들의 핍박과 원망에도 십일조와 안식일을 지키며 중심 잡는 나를 아끼셔서 은혜를 베푸실 것입니다.

주제 본문 큐티 예시
느헤미야 13:15-22

안식일을 지키는 복   김정민

본문 요약
느헤미야는 안식일에 사람들이 예루살렘에서 술틀을 밟고 물건 파는 모습을 보고 유다의 모든 귀인을 꾸짖습니다. 안식일을 범한 진노가 이스라엘에 더욱 심하게 임하게 하니 안식일 전날 성문을 닫고 경계합니다. 레위 사람들에게는 몸을 정결하게 하고 성문을 지켜 안식일을 거룩하게 하라고 합니다.

질문하기
1. 왜 느헤미야는 이 악을 행하여 안식일을 범하느냐고 꾸짖었을까? (17절)
2. 왜 안식일 전에 성문을 닫고 아무 짐도 들어오지 못하게 했을까? (19절)

묵상하기
1. 왜 느헤미야는 이 악을 행하여 안식일을 범하느냐고 꾸짖었을까? (17절)
느헤미야가 안식일을 범하는 사람 중에 가난한 사람들은 경계하고, 부자들은 꾸짖습니다. 백성의 본이 되어야 할 사람을 꾸짖는 것입니다. 레위 사람과 제사장이 있어도 안식일을 범하는 것이 악이라고 꾸짖는 사람은 느헤미야뿐입니다.

  친정 부모님이 장로, 권사였지만 아버지의 외도와 혈기로 인한 이복형제와의 갈등, 동생들의 반복적인 이혼과 재혼의 사연이 수치스러웠습니다. 이런 불안정한 환경이 싫어 일류 대학을 나와 남들이 부러워하는 외국계 은행에 취직했습니다. 직장에서 만난 남편은 불신자였지만, 교회에 다니겠다는 약속을 받고 결혼했습니다. 강남에 있는 아파트에 살면서 아들딸을 낳고, 남편은 회사에서 인정받으며 승진했고, 저는 출산과 육아로 그만두었던 직장에 다시 복귀하면서 행복하다고 생각했습니다. 그러면서 남편과 자녀의 성공, 물질적 풍요를 얻기 위해 내 소견에 옳은 대로 온 가족을 몰아갔습니다.

교회는 다녔지만 예배에 늦을 때가 많았고, 헌금은 성의 없이 드렸습니다. 형식적인 예배가 끝나면 아이들은 학원에 보내고, 저는 백화점으로 직행했습니다. 방학이 되면 아이들이 수련회나 교회 행사에 참여하는 것을 아까워하며 여행을 계획하고, 휴가 날짜와 학원 시간에만 관심을 두었습니다. 안식일을 지키지 않으면 진노와 재앙이 임한다는 말씀처럼(18절) 자녀의 성적은 차츰 바닥으로 떨어졌고, 사람 중독과 게임 중독으로 밤낮이 뒤바뀌는 재앙이 임했습니다. 자녀의 문제를 겪으며 말씀이 들리기 시작했고, 안식일을 범한 내 죄를 보고 꾸짖음을 받아들여 안식하게 되었습니다.

2. 왜 안식일 전에 성문을 닫고 아무 짐도 들어오지 못하게 했을까? (19절)
안식일을 지키지 않으면 진노가 심히 임한다고 합니다. 안식은 곧 거룩이고, 거룩은 구별입니다. 안식을 누리는 복을 얻기 위해 느헤미야는 안식일 전날 세상 성문을 닫고 준비시킵니다. 육신의 정욕, 안목의 정욕, 이생의 자랑의 성문을 닫고, 안식일을 지키지 못하게 하는 요소를 단호히 경계하고 물리쳐 안식일을 지키는 것입니다.

성공과 풍요를 향한 세상 성문을 닫지 않았던 저였지만, 교회에서 말씀을 들으면서 더 이상 남편, 자녀, 성공, 경제적 풍요가 안식이 아님을 온몸으로 깨달았습니다. 남편은 주식을 해서 돈을 벌고 있었는데, 때마침 남편에게도 위기가 찾아와 생계를 위해 중국집 배달, 우유 배달을 하는 처지가 되었습니다. 남편은 공동체의 기도로 주식 중독에서 빠져나왔고, 지금은 한 달에 두 번 가게 문을 닫는 세탁업을 하고 있습니다.

남편은 교회에서 양육을 받고, 봉사를 하면서 소그룹 리더가 되었습니다. 세상과 구별되는 가치관에서 안식이 시작된다고 하는데, 저는 인정 받으려는 열심과 조급함으로 소그룹 모임을 인도하는 남편의 단점만 보며 기다리지 못하고 말씀으로 찔러댔습니다. 그래서 한동안 남편의 예배가 폐해지는 재앙과 진노의 불을 경험했습니다(18절). 돈이 없는 것보다 더 힘들고 아픈 시간이었습니다.

그토록 안전하다고 생각했던 예루살렘이 불살라진 것처럼 안목의 정욕, 이 생의 자랑의 성문을 굳게 닫지 못했기에 남편에게서 예배의 안식을 빼앗았습니다(17절). 남편과 자녀에게 정결례를 행하지 못하고, 성문을 닫지 못한 죄를 고백하며 용서를 구합니다(22절).

적용하기
- 남편과 아들의 의견을 잘 경청하고 존중하겠습니다.
- 남편과 자녀의 마음을 맞추려 노력하고, 주일예배를 위해 토요일에 예비하겠습니다.

기도하기

자녀의 수고를 통해 세상 성공과 풍요를 향한 내 죄를 보게 하시니 감사합니다. 남편의 믿음이 자라도록 돕기는커녕 내 주장만 펼쳤기에 예배의 안식을 막은 것을 회개합니다. 이제는 온전히 안식일을 지킬 수 있도록 저의 세상 성문을 굳게 닫아 주옵소서. 진정한 안식을 누리는 복된 가정이 되기를 간절히 기도합니다.

돌아보기 Nursing
주제 도서 읽고 나누기

- 『우리는 다 이겼습니다』(김양재, QTM)를 읽고, 독후감을 작성해 봅시다.

살아내기 Keeping
한 주의 실천 과제와
매일 큐티

- **생활숙제** 주일예배를 잘 드리기 위해 토요일부터 성문을 닫고 준비해야 할 것을 적어 본 후, 실천한 것을 나눠 봅시다.
- **매일 큐티** 매일 큐티를 통해 한 주간 나 자신과 가정, 공동체를 어떻게 지키려 했는지 돌아봅시다.

성구 암송과 교리 요약

안식일의 주인

7나는 자비를 원하고 제사를 원하지 아니하노라 하신 뜻을 너희가 알았더라면 무죄한 자를 정죄하지 아니하였으리라 8인자는 안식일의 주인이니라 하시니라 **마태복음 12:7-8**

십자가를 지신 예수님을 안식일의 주인으로 모시는 사람은 나의 죄와 부족함을 생각하며 다른 사람의 연약함을 돌아봅니다. 예수님의 결론인 영혼 구원을 위해 일하는 것이 안식입니다.

안식일 계명

17내가 유다의 모든 귀인들을 꾸짖어 그들에게 이르기를 너희가 어찌 이 악을 행하여 안식일을 범하느냐 **느헤미야 13:17**

하나님을 기억하며 진정한 안식으로 살아가기 위해 일주일의 첫날인 주일을 구별하고 거룩하게 지켜야 합니다. 예수 안에서 참된 예배로 시작하는 것이 일주일을 잘 사는 비결입니다.

결혼은 영적 연합이기에 불신결혼은 배교 행위입니다.
영원한 생명인 구원을 이루는 데 방해가 되기 때문입니다.

06
결혼의 목적과 원리

신결혼 vs 불신결혼

느헤미야 13:23-31

THINK

06 결혼의 목적과 원리
신결혼 vs 불신결혼 느헤미야 13:23-31

마음 열기 Telling
마음을 열고 생각을 나누는 시간

- 나와 자녀의 배우자 선택 기준은 무엇입니까?
- 주일/수요 설교를 듣고 느낀 점을 나눠 봅시다.

말씀 읽기 Holifying
깊은 묵상을 위한 질문과 답

1. 결혼에 대한 하나님의 뜻 마태복음 19:3-9

3 바리새인들이 예수께 나아와 그를 시험하여 이르되 사람이 어떤 이유가 있으면 그 아내를 버리는 것이 옳으니이까 4 예수께서 대답하여 이르시되 사람을 지으신 이가 본래 그들을 남자와 여자로 지으시고 5 말씀하시기를 그러므로 사람이 그 부모를 떠나서 아내에게 합하여 그 둘이 한 몸이 될지니라 하신 것을 읽지 못하였느냐 6 그런즉 이제 둘이 아니요 한 몸이니 그러므로 하나님이 짝지어 주신 것을 사람이 나누지 못할지니라 하시니 7 여짜오되 그러면 어찌하여 모세는 이혼 증서를 주어서 버리라 명하였나이까 8 예수께서 이르시되 모세가 너희 마음의 완악함 때문에 아내 버림을 허

락하였거니와 본래는 그렇지 아니하니라 9내가 너희에게 말하노니 누구든지 음행한 이유 외에 아내를 버리고 다른 데 장가드는 자는 간음함이니라

1) 바리새인들은 왜 아내를 버리는 게 옳은지 묻습니까? (3절)

2) 예수님은 왜 말씀을 읽지 못하였느냐고 하십니까? (4-5절)

3) 왜 하나님이 짝지어 주신 것을 사람이 나누지 못한다고 하십니까? (6절)

4) 왜 모세는 이혼 증서를 주어서 버리라고 명했습니까? (7-9절)

_____

_____

_____

🌱 배우자와 하나 되기 위해 '나의 반'을 버리고, '배우자의 반'을 채우라는 말에 동의합니까? 결혼을 했다면 나의 반을 버린 것이 있습니까?

🌱 거룩한 결혼생활을 위해 나 자신이 깨닫고 실천해야 할 것은 무엇입니까?

2. 결혼의 목적은 거룩 에베소서 5:22-33

22 아내들이여 자기 남편에게 복종하기를 주께 하듯 하라 23 이는 남편이 아내의 머리 됨이 그리스도께서 교회의 머리 됨과 같음이니 그가 바로 몸의 구주시니라 24 그러므로 교회가 그리스도에게 하듯 아내들도 범사에 자기 남편에게 복종할지니라 25 남편들아 아내 사랑하기를 그리스도께서 교회를 사랑하시고 그 교회를 위하여 자신을 주심같이 하라 26 이는 곧 물로 씻어 말씀으로 깨끗하게 하사 거룩하게 하시고 27 자기 앞에 영광스러운 교회로 세우사 티나 주름 잡힌 것이나 이런 것들이 없이 거룩하고 흠이 없게 하려 하심이라 28 이와 같이 남편들도 자기 아내 사랑하기를 자기 자신

과 같이 할지니 자기 아내를 사랑하는 자는 자기를 사랑하는 것이라 29누구든지 언제나 자기 육체를 미워하지 않고 오직 양육하여 보호하기를 그리스도께서 교회에게 함과 같이 하나니 30우리는 그 몸의 지체임이라 31그러므로 사람이 부모를 떠나 그의 아내와 합하여 그 둘이 한 육체가 될지니 32이 비밀이 크도다 나는 그리스도와 교회에 대하여 말하노라 33그러나 너희도 각각 자기의 아내 사랑하기를 자신같이 하고 아내도 자기 남편을 존경하라

1) 왜 아내들은 남편에게 복종해야 합니까? (22-24절)

_____

_____

_____

2) 왜 남편들에게는 아내를 사랑하라고 강조하십니까? (25절)

_____

_____

_____

3) 우리를 거룩하고 흠이 없게 하시는 이유는 무엇입니까? (26-28절)

_____

_____

_____

🌱 내 죄를 먼저 회개하고 배우자의 흠을 용납함으로써 결혼의 목적인 거룩을 이뤄 가고 있습니까?

4) 자기 육체를 미워하지 말라는 것은 무슨 뜻입니까? (29-32절)

_____

_____

_____

주제 본문

느헤미야 13:23-31

23그때에 내가 또 본즉 유다 사람이 아스돗과 암몬과 모압 여인을 맞아 아내로 삼았는데 24그들의 자녀가 아스돗 방언을 절반쯤은 하여도 유다 방언은 못하니 그 하는 말이 각 족속의 방언이므로 25내가 그들을 책망하고 저주하며 그들 중 몇 사람을 때리고 그들의 머리털을 뽑고 이르되 너희는 너희 딸들을 그들의 아들들에게 주지 말고 너희 아들들이나 너희를 위하여 그들의 딸을 데려오지 아니하겠다고 하나님을 가리켜 맹세하라 하고 26또 이르기를 옛적에 이스라엘 왕 솔로몬이 이 일로 범죄하지 아니하였느냐 그는 많은 나라 중에 비길 왕이 없이 하나님의 사랑을 입은 자라 하나님이 그를 왕으로 삼아 온 이스라엘을 다스리게 하셨으나 이방 여인이 그를 범죄하게 하였나니 27너희가 이방 여인을 아내로 맞아 이 모든 큰 악을 행하여 우리 하나님께 범죄하는 것을 우리가 어찌 용납하겠느냐 28대제사장 엘리아십의 손자 요야다의 아들 하나가 호론 사람 산발랏의 사위가 되었으므로 내가 쫓아내어 나를 떠나게 하였느니라 29내 하나님이여 그들이 제사장의 직분을 더럽히고 제사장의 직분과 레위 사람에 대한 언약을 어겼사오니 그들을 기억하옵소서 30내가 이와 같이 그들에게 이방 사람을 떠나게 하여 그들을 깨끗하게 하고 또 제사장과 레위 사람의 반열을 세워 각각 자기의 일을 맡게 하고 31또 정한 기한에 나무와 처음 익은 것을 드리게 하였사오니 내 하나님이여 나를 기억하사 복을 주옵소서

해석하기 | Interpreting
구속사로 생각하기

1. 불신결혼의 배후에 악과 음란이 있습니다(23절).

'그때에'는 십일조와 안식일이 무너졌을 때입니다(23절). 유다 백성은 천국 길을 방해했던 조상의 원수인 이방 여인과 결혼합니다. 십일조, 안식일을 지키지 않은 결론으로 불신결혼을 하는 것입니다. 물질이 우상이어서 온갖 방법으로 돈을 버니까 아까워서 십일조를 못하고, 또다시 돈을 벌겠다고 안식일을 범합니다. 이생의 자랑, 안목의 정욕, 육신의 자랑 배후에는 결국 돈이 있습니다.

2. 불신결혼의 결과로 문제아가 나옵니다(24, 26절).

유다 말은 하나님과 통하는 말인데, 어머니가 블레셋 말을 하니 아이들이 유다 말은 잊어버립니다(24절). 이방 여인과 불신 결혼을 해서 포로로 잡혀가니 이방 문화에 빠지고 맙니다. 이스라엘의 정체성이 무너지고 국가가 사라질 수 있는 심각한 위기에 처한 것입니다. 느헤미야가 처참한 불신결혼의 예로 솔로몬을 이야기합니다(26절). 솔로몬의 지혜는 따라갈 자가 없었고, 성전을 짓고 금언을 삼천 개나 지었지만, 나라는 남북으로 갈라지고 백성은 바벨론 포로로 끌려갔습니다. 이 모든 원인은 이방 여인을 취한 솔로몬에게 있었습니다.

3. 불신결혼은 반드시 막아야 합니다(25절).

느헤미야가 불신결혼을 막으려고 유다 사람을 책망하고 저주하며 때리고 머리털을 뽑았습니다(25절). 유다의 정체성이 무너지는 일이기에 목숨을 걸고 막은 것입니다. 불신결혼을 막을 사람은 느헤미야 한 사람뿐입니다. 유다 지도자 대제사장은 재력 있는 민족의 원수와 혼인으로 동맹합니다. '불신결혼하면 어때, 믿게 하면 그만이지' 하는 것입니다. 불신결혼에는 말할 수 없는 영혼의 고통이 있습니다. 문자적으로 민족적인 혈통을 말하는 것이 아니라 믿음과 불신의 문제인 것입니다. 어떤 조롱과 모욕을 주더라도 결혼 전에 막아야 합니다. 십일조는 돌이켜 지킬 기회가 있지만, 불신결혼은 하고 나면 돌이킬 수가 없습니다. 결혼은 영적 연합이기에 불신결혼은 배교 행위입니다. 영원한 생명인 구원을 이루는 데 방해가 되기 때문입니다.

주제 본문 큐티 예시
느헤미야 13:23-31

딸의 신결혼을 반대한 부모   오성균

본문 요약
느헤미야는 유다 사람이 아스돗과 암몬과 모압 여인을 맞아 아내로 삼은것을 보고 그들을 책망하고 저주합니다. 옛적에 이스라엘 왕 솔로몬이 이 일로 범죄한 것처럼, 이방 여인을 아내로 맞아 하나님께 범죄하는 것을 용납할 수 없다고 합니다. 대제사장 엘리아십의 손자 요야다의 아들 하나가 산발랏의 사위가 되었으므로 쫓아내 떠나게 합니다.

질문하기
1. 왜 유다 사람들은 아스돗과 암몬과 모압 여인을 아내로 삼았을까? (23절)
2. 왜 느헤미야는 불신결혼한 이들을 책망하고 저주하며 맹세하게 했을까? (25절)

묵상하기
1. 왜 유다 사람들은 아스돗과 암몬과 모압 여인을 아내로 삼았을까? (23절)
아스돗은 성벽 중수를 극렬하게 방해한 족속이고, 암몬과 모압은 가나안 길을 방해했던 조상의 원수입니다. 그런데 육신의 정욕, 안목의 정욕, 이생의 자랑을 만족시켜 준다면 조상의 원수라도 다 제쳐 놓고 결혼을 합니다. 그 결과, 그들의 자녀가 아스돗 방언을 절반쯤은 해도 하나님의 말씀을 듣는 통로인 유다 방언은 못하게 되어 예배를 드릴 수도, 성경을 읽을 수도 없게 됩니다.

저는 어릴 적부터 교회에 다녔지만 세상 가치관에 머물러 있어서, 두 집 살림을 하셨던 아버지로 인해 고생한 어머니에게 효도하는 것이 인생 최대의 목표였습니다. 배우자 선택 기준 또한 어머니를 잘 모실 사람이었습니다. 그러다 지금의 아내를 만났는데, 첫눈에 반해 육신의 정욕, 안목의 정욕, 이생의 자랑을 만족시켜 줄 것 같아 믿음이 있는지는 관심도 없이 불신결혼을 했습니다(23절).

아버지의 병환과 형님의 사업 부도로 인해 경제적으로 어려운 상황에서, 상고를 졸업하고 은행에 들어가 사회생활을 하면서 가진 것 없이 세상을 살아간다는 것이 얼마나 힘든지를 경험했습니다. 그래서 내 자녀만큼은 세상에서 잘 나가게 하려고 세상 방법을 모두 동원해 불철주야 수고하며, 세상 가치관을 온 몸으로 보여 주며 키웠습니다. 그 노력 끝에 아들은 의사가 되었지만, 하나님의 말씀을 듣는 통로인 유다 말을 못하게 되어 예배를 드릴 수도, 성경을 읽을 수도 없게 되어 교회에 나오고 있지 않습니다(24절).

2. 왜 느헤미야는 불신결혼한 이들을 책망하고 저주하며 맹세하게 했을까? (25절)
이스라엘 백성이 이방 사람과 결혼해 포로로 잡혀가고 여러 징계를 받았는데도 여전히 이방 사람들과 결혼을 합니다. 느헤미야는 그들을 책망하고 저주하고 때리며 머리털을 뽑습니다. 유다 귀인과 지도자들은 물론이고 대제사장까지 산발랏과 도비야 같은 원수와 혼인으로 동맹을 맺어 이스라엘의 정체성이 무너지고 국가가 사라질 수 있는 심각한 상황에 놓였습니다.

제 딸은 교회 청년부의 소그룹 리더입니다. 교회에서 만난 남자친구와 교제

한다는 말을 들었을 때, 직업이 안정적이지 않다며 만나 보지도 않고 반대했습니다. 믿음으로 선택하겠다는 딸의 말이 신앙적으로 옳다는 것을 속으로는 인정했지만, 정작 딸에게는 믿음도 중요하지만 먹고사는 문제가 더 중요하다고 말했습니다. 현실을 보지 못하는 딸의 믿음을 분별력이 없다고 강하게 책망하기도 했습니다.

제가 딸의 결혼을 반대하는 것을 아신 담임목사님이 자꾸 딸의 결혼 이야기를 하셔서 몇 년간 목사님을 피해 다녔습니다. 총체적인 악이 불신결혼이라고 하셨는데, 저는 영적으로 둔감해 딸의 신(信)결혼을 반대하며 도비야에게 방을 내주고 산발랏처럼 능력 있는 집안에 딸을 결혼시키려고 했습니다. 그러다 교회 수련회에서 아내가 공개적으로 목사님으로부터 책망을 듣고, 저 역시 회개하고 간증을 하게 되었습니다(25절).

적용하기
- 불신결혼은 안 된다는 책망의 소리를 잘 듣겠습니다.
- 이 말씀을 저희 가정에 주시는 말씀으로 알고, 딸의 신결혼을 승낙하겠습니다.

기도하기
말로는 믿음을 강조하면서 세상 가치관을 온몸으로 보여 주었기에 아들을 예배에서 멀어지게 하고, 딸의 신결혼을 반대하여 방황하게 한 것을 회개합니다. 불신결혼이 얼마나 무서운 죄인지 깨닫게 하시니 감사합니다. 불신결혼의 배후에 악과 음란이 있다는 것을 전하는 사명을 감당하며 살아가도록 인도해 주옵소서.

돌아보기 Nursing
주제 도서 읽고 나누기

- 『결혼을 지켜야 하는 11가지 이유』(김양재, QTM)를 읽고, 독후감을 작성해 봅시다.

살아내기 Keeping
한 주의 실천 과제와
매일 큐티

- **생활숙제** 결혼의 목적인 거룩을 위해 버려야 할 '나의 반'과 채워야 할 '배우자의 반'을 적어 보고 적용해 봅시다.
- **매일큐티** 매일 큐티를 통해 한 주간 나 자신과 가정, 공동체를 어떻게 지키려 했는지 돌아봅시다.

성구 암송과 교리 요약

결혼의 목적과 원리

24그러므로 교회가 그리스도에게 하듯 아내들도 범사에 자기 남편에게 복종할지니라 25남편들아 아내 사랑하기를 그리스도께서 교회를 사랑하시고 그 교회를 위하여 자신을 주심같이 하라 **에베소서 5:24-25**

부부가 서로 복종하고 사랑해야 하는 이유는 결혼의 목적인 거룩을 이루기 위해서입니다. 흠 많은 아내, 허물 많은 남편을 거룩하고 영광스러운 교회로 세우기 위해 복종과 사랑의 명령을 주신 것입니다.

불신결혼의 큰 악

27너희가 이방 여인을 아내로 맞아 이 모든 큰 악을 행하여 우리 하나님께 범죄하는것을 우리가 어찌 용납하겠느냐 **느헤미야 13:27**

결혼은 영적 연합이기에 불신결혼은 배교 행위입니다. 영원한 생명인 구원을 이루는 데 방해가 되기 때문에 불신결혼은 총체적 악의 결론입니다.

거룩한 너와 내가 만날 때 행복한 우리가 됩니다.

내가 속은 것은 나의 교만과 욕심 때문입니다.
속은 자가 속인 자에게 보일 수 있는 가장 큰 사랑은 회개입니다.

07
그리스도인의
인간관계

속은 자, 속인 자

여호수아 9:16-27

THINK

07 그리스도인의 인간관계
속은 자, 속인 자 여호수아 9:16-27

마음 열기 Telling
마음을 열고 생각을 나누는 시간

- 누군가에게 속은 일이 있습니까? 입시, 결혼, 직장 등 무엇에 속았습니까?
- 주일/수요 설교를 듣고 느낀 점을 나눠 봅시다.

말씀 읽기 Holifying
깊은 묵상을 위한 질문과 답

1. 종들을 향한 명령 골로새서 3:22-25

22종들아 모든 일에 육신의 상전들에게 순종하되 사람을 기쁘게 하는 자와 같이 눈가림만 하지 말고 오직 주를 두려워하여 성실한 마음으로 하라 23무슨 일을 하든지 마음을 다하여 주께 하듯 하고 사람에게 하듯 하지 말라 24이는 기업의 상을 주께 받을 줄 아나니 너희는 주 그리스도를 섬기느니라 25불의를 행하는 자는 불의의 보응을 받으리니 주는 사람을 외모로 취하심이 없느니라

1) 종들은 왜 모든 일에 육신의 상전들에게 순종해야 합니까?
　(22-24절)

_____

_____

_____

🌱 윗사람에게 순종을 잘합니까, 아니면 부들부들 떨면서 굴종합니까?

2) 종은 상전을 어떻게 섬겨야 합니까? (22절)

_____

_____

_____

3) 왜 불의를 행하는 자는 불의의 보응을 받는다고 합니까? (25절)

_____

_____

_____

2. 상전들에게 주시는 명령 골로새서 4:1

1 상전들아 의와 공평을 종들에게 베풀지니 너희에게도 하늘에 상전이 계심을 알지어다

- 왜 상전들에게 의와 공평을 베풀라고 합니까? (1절)

_____

_____

_____

🌱 가정과 교회, 직장에서 나는 어떤 윗사람입니까?

3. 그리스도인의 사회생활 창세기 21:22-24

22 그때에 아비멜렉과 그 군대 장관 비골이 아브라함에게 말하여 이르되 네가 무슨 일을 하든지 하나님이 너와 함께 계시도다 23 그런즉 너는 나와 내 아들과 내 손자에게 거짓되이 행하지 아니하기를 이제 여기서 하나님을 가리켜 내게 맹세하라 내가 네게 후대한 대로 너도 나와 네가 머무는 이 땅에 행할 것이니라 24 아브라함이 이르되 내가 맹세하리라 하고

1) 아비멜렉과 군대 장관은 어떻게 아브라함에게 하나님이 함께하심을 보았습니까? (22절)

_____

_____

_____

🌱 하나님이 나와 함께하고 계십니까? 다른 사람에게 이런 말을 들어본 적이 있습니까?

2) 아비멜렉은 왜 아브라함에게 거짓되이 행하지 말라고 합니까? (23절)

_____

_____

_____

주제 본문
여호수아 9:16-27

16그들과 조약을 맺은 후 사흘이 지나서야 그들이 이웃에서 자기들 중에 거주 하는 자들이라 함을 들으니라 17이스라엘 자손이 행군하여 셋째 날에 그들의 여러 성읍들에 이르렀으니 그들의 성읍들은 기브온과 그비라와 브에롯과 기럇 여아림이라 18그러나 회중 족장들이 이스라엘의 하나님 여호와로 그들에게 맹세했기 때문에 이스라엘 자손이 그들을 치지 못한지라 그러므로 회중이 다 족장들을 원망하니 19모든 족장이 온 회중에게 이르되 우리가 이스라엘의 하나님 여호와로 그들에게 맹세하였은즉 이제 그들을 건드리지 못하리라 20우리가 그들에게 맹세한 맹약으로 말미암아 진노가 우리에게 임할까 하노니 이렇게 행하여 그들을 살리리라 하고 21무리에게 이르되 그들을 살리라 하니 족장들이 그들에게 이른 대로 그들이 온 회중을 위하여 나무를 패며 물을 긷는 자가 되었더라 22여호수아가 그들을 불러다가 말하여 이르되 너희가 우리 가운데에 거주하면서 어찌하여 심히 먼 곳에서 왔다고 하여 우리를 속였느냐 23그러므로 너희가 저주를 받나니 너희가 대를 이어 종이 되어 다 내 하나님의 집을 위하여 나무를 패며 물을 긷는 자가 되리라 하니 24그들이 여호수아에게 대답하여 이르되 당신의 하나님 여호와께서 그의 종 모세에게 명령하사 이 땅을 다 당신들에게 주고 이 땅의 모든 주민을 당신들 앞에서 멸하라 하신 것이 당신의 종들에게 분명히 들리므로 당신들로 말미암아 우리의 목숨을 잃을까 심히 두려워하여 이같이 하였나이다 25보소서 이제 우리가 당신의 손에 있으니 당신의 의향에 좋고 옳은 대로 우리에게 행하소서 한지라 26여호수아가 곧 그대로 그들에게 행하여 그들을 이스라엘 자손의 손에서 건져서 죽이지 못하게 하니라 27그날에 여호수아가 그들을 여호와께서 택하신 곳에서 회중을 위하며 여호와의 제단을 위하여 나무를 패며 물을 긷는 자들로 삼았더니 오늘까지 이르니라

해석하기 | Interpreting
구속사로 생각하기

1. 속임수의 실체를 객관적으로 파악해야 합니다(16절).

여호수아가 기브온의 초라한 행색과 간증에 속았습니다. 그전에도 알 수 있었던 것을 사흘이 지나서야 알았습니다(16절). 내가 얼마나 교만한지 인정하지 않기에 다른 이의 꾀에 속습니다. 문제는 '속는 나'입니다. 내가 얼마나 잘 속는지 나 자신의 실체를 알아야 합니다. 그래야 나도 살고 그들도 살립니다. 우리는 끊임없이 두려움에 속고, 봉사에 속고, 헌신에 속고, 내 확신에 속습니다. 사흘을 보내고 여러 성읍에 이른 것처럼 우리 역시 시집 장가를 가고, 회사에서도 인생의 여러 성읍을 겪으면서 속은 것을 알게 됩니다. 신앙고백이 확실하지 않은 사람은 돈, 학력, 재산도 다 속일 수밖에 없습니다. 세상이 악하고 음란하기에 믿음이 없는 사람은 이해타산에 따라 쉽게 속입니다.

2. 속았어도 원칙대로 맹세를 지켜야 합니다(18-21절).

회중 족장들이 기브온과 이미 맹세를 한 상황입니다. 지도자가 백성을 잘못 인도하자 백성의 전공인 원망이 나옵니다(18절). 속은 것이 분하고 힘들어도 말씀을 깨달은 내가 맹세를 지키는 것이 주님의 뜻이고 모두를 살리는 길입니다. 우리 힘으로는 분별할 수 없습니다. 말씀을 묵상해야 합니다. 기브온 사람들이 마침내 자기 죄를 깨닫고 믿는 자에 속해 스스로 나무를 패며 물 긷는 자가 되었습니다(21절). 예수를 믿고 나서 맹세를 지키려 해도 나무 패고 물 긷는 기브온이 초라해 보여 인정하기가 싫지만, 내가 선택한 기브온입니다.

3. 속은 자가 구원의 선봉에 서야 합니다(26-27절).

속은 자가 속인 자에게 보일 수 있는 가장 큰 사랑은 회개입니다. 속인 자가 회개하면 좋겠지만, 회개는 사람의 힘으로 할 수 있는 게 아닙니다. 여호수아는 기브온을 버리지 않고 사랑으로 살려주는 대신에 하나님의 집을 위해 나무 패며 물 긷는 자로 살라고 저주합니다(26-27절). 이것을 받아들여야 하는 기브온도 난감했겠지만, 구원과 애정의 처방입니다. 속은 자로서 말하기 힘든 이야기를 하는 것이 구원의 선봉에 서는 일입니다. 맹세를 지키고자 한 리스바의 회개가 사울 집안을 구한 것처럼 나의 회개로 가족이 구원되고, 인류가 구원됩니다. 이것이 속인 사람의 마음을 돌리고 진실한 사람이 되게 하는 길입니다. 기브온도 여호수아가 내린 저주의 처방을 사랑으로 알고 받아들였습니다. 내가 예수님만 믿을 수 있다면 종노릇을 해도 좋다고 하면서 어떤 환경에도 감사할 수 있는 것이 속인 자가 보일 겸손입니다.

주제 본문 큐티 예시
여호수아 9:16-27

네 탓에서, 내 탓으로   김동욱

본문요약

이스라엘은 기브온과 평화 조약을 맺은 3일 후에 그들이 이웃에서 자기들 중에 거주하는 자들이었음을 듣고, 자신들이 속은 것을 알게 되었습니다. 이에 이스라엘 회중은 족장들을 원망하지만, 여호와로 그들에게 맹세한 맹약을 깰 수 없기에 기브온 족속을 나무를 패며 물 긷는 종으로 삼습니다. 기브온 족속은 그것을 받아들여 목숨을 보전하는 선택을 하고 오늘까지 이릅니다.

질문하기

1. 왜 이스라엘은 조약을 맺은 후 사흘이 지나서야 속은 사실을 알았을까? (16절)
2. 왜 이스라엘을 속인 그들을 살려야 했을까? (20절)

묵상하기

1. 왜 이스라엘은 조약을 맺은 후 사흘이 지나서야 속은 사실을 알았을까? (16절)

이스라엘은 하나님께 묻지도 않고 기브온 족속과 화친 조약을 맺었다가 사흘이 지나서야 속은 것을 알게 되었습니다. 이는 이스라엘 자손이 행군하다가 셋째 날에 여러 성읍에 이르러 기브온이 이웃에서 자기들 중에 거주하는 자임을 알게 되었기 때문입니다. 그러나 이미 맺은 맹세로 인해 조약을 돌이킬 수 없었습니다.

저와 아내는 양가가 기독교 집안에 같은 대기업에 다녔고, 서로 잘 맞는 운명처럼 느껴져 3개월 만에 화려한 결혼식을 올렸습니다. 하지만 결혼한 지 2년도 안 된 어느 날 사건이 터졌습니다. 저는 여느 때와 같이 아내와 갓 돌 지난 아들에게 인사를 하고 출근했습니다. 그런데 퇴근하고 오니 아내는 아들과 함께 친정으로 갔고, 이혼소송을 한 상태였습니다. 그리고 얼마 후 온갖 비난이 섞인 이혼소장을 받았습니다. 저는 아내에게 속은 것 같아 분했고, 하나님도 저를 속이신 것 같다는 생각에 지옥 같은 삶을 살았습니다.

인생이 해석되지 않아 교회 소그룹에서 나누고, 구속사적으로 말씀을 깊이 묵상하는 시간을 보내니 제가 왜 아내에게도, 저 자신에게도 속았는지 깨닫게 되었습니다(16절). 서로의 신앙고백과 믿음보다 겉으로 보이는 세상 조건에 속아서 결혼했고, 스스로 착하고 교양 있는 사람이라고 착각하며 성품에 속아 하나님께도, 아내에게도 묻지 않았습니다. 남들에게 그럴듯한 가정으로 보이고 싶은 욕심에 스스로 속은 모습을 객관적으로 보게 되었습니다. 또한 아내의 마음을 얻고자 좋은 점만 보이고 수치와 잘못은 감추며 아내를 속인 저의 죄도 보여 눈물이 흘렀습니다. 제가 왜 이렇게 되었는지를 깨달으니 '나를 속였다!, 내가 속았다!'는 분노와 원망, 미움의 짐이 조금 가벼워져 전쟁 같은 이혼소송 가운데서도 마음에 평안을 얻게 되었습니다.

2. 왜 이스라엘을 속인 그들을 살려야 했을까? (20절)

족장들은 회중의 원망을 받았지만 맹세한 맹약을 어기면 진노가 임할까 두려워 기브온 사람들을 살리기로 결정합니다. 그러나 이스라엘을 속인 대가로 그들은 대를 이어 종이 되어 하나님의 집을 위하여 나무를 패며 물을 긷는 자가 됩니다.

그동안 제 유익을 위해 크고 작은 일을 속고, 속이던 죄들이 말씀으로 하나둘씩 보이니 하나님 앞에 제가 할 말 없는 죄인임이 인정되었습니다. 그리고 하나님과 사람들 앞에서 맹세한 가정을 지키고자 하는 것이 나도 살고, 아내도 아들도 살리는 적용이라는 마음이 들었습니다(18-20절). 그렇게 생각이 바뀌니 영적, 육적 책임을 지는 마음으로, 소송 중에 많은 경제적 손실도 감수하게 되었고, 아내의 어떤 공격과 원망도 받아들이며 공동체에 의논하고, 마지막까지 용서를 구하는 화평을 선택할 수 있었습니다. 3년이 넘게 진행된 소송은 대법원까지 이어졌지만, 가치관이 다른 저희 부부의 회복이 어렵다고 판단한 재판부는 최종 이혼으로 판결하였고 아들 양육권도 아내에게 주게 되었습니다.

이혼 후 낙심도 되었고 위축되었지만, 홀로된 저를 교회 소그룹 리더로 불러주셔서 이혼소송과 이혼 위기의 처한 가정을 살리는 섬김과 사명의 자리를 허락해 주시니 하나님과 공동체에 감사합니다(23절). 이혼한 아내와 한 달에 2번 만나는 어린 아들의 구원을 위해 지금 제가 처한 환경에서 회개하는 마음으로 잘 서 있기를 소원합니다(27절).

적용하기

- 이혼한 아내와 아들의 구원을 위한 기도를 잊지 않겠습니다.
- 이혼소송으로 고통 가운데 있는 지체들의 아픔을 잘 들어주고 구체적으로 돕겠습니다.

기도하기

하나님 아버지, 저의 욕심을 이루고 체면을 가리기 위해 가장 가까운 배우자뿐만 아니라 많은 사람을 속이고, 스스로도 속았던 모습을 회개합니다. 그 죄의 실체가 이혼 사건을 통해 드러나게 해 주시니 감사합니다. 이혼의 아픔을 통해 마지막까지 저의 죄를 보고 회개하며, 진실한 삶을 아내와 아들에게 보여 줄 수 있도록 저를 도와주시옵소서. 그리고 이혼 위기에 처한 수많은 가정에 결혼의 목적은 행복이 아니라 거룩이고, 가정은 지킬 만한 가치가 있으며, 속았더라도 결혼의 맹세를 끝까지 지켜야 함을 담대히 전할 수 있도록 저에게 나무 패고 물 긷는 마음을 허락해 주시옵소서. 예수님 이름으로 기도합니다. 아멘

돌아보기 Nursing
주제 도서 읽고 나누기

- 『날마다 살아나는 큐티』(김양재, QTM)를 읽고, 독후감을 작성해 봅시다.

살아내기 Keeping
한 주의 실천 과제와
매일 큐티

- **생활숙제** 내가 속은 사건에서 나의 교만과 욕심을 찾아보고 회개 기도문을 작성해 봅시다.
- **매일큐티** 매일 큐티를 통해 한 주간 나 자신과 가정, 공동체를 어떻게 지키려 했는지 돌아봅시다.

성구 암송과 교리 요약

질서의 훈련

22종들아 모든 일에 육신의 상전들에게 순종하되 사람을 기쁘게 하는 자와 같이 눈가림만 하지 말고 오직 주를 두려워하여 성실한 마음으로 하라 **골로새서 3:22**

100% 죄인인 인간이 훈련받는 데 질서보다 위대한 것은 없습니다. 예수님은 이 세상 질서에 순종해 세례를 받으셨고, 십자가에 못 박혀 죽으셨습니다. 질서는 십자가입니다.

가장 큰 사랑

27그날에 여호수아가 그들을 여호와께서 택하신 곳에서 회중을 위하며 여호와의 제단을 위하여 나무를 패며 물을 긷는 자들로 삼았더니 오늘까지 이르니라 **여호수아 9:27**

여호수아가 자신을 속인 기브온을 사랑하게 되자 구원과 애정의 처방을 내립니다. 속인 자가 그 처방을 사랑으로 알고 공동체를 위해 낮은 자리에 있는 것이 우리의 살길입니다.

말씀 안에서 내 죄와 욕심을 발견하며 내 힘으로 끊지 못하는 것들을
고백하고 회개할 때 하나님께서 힘을 주십니다.

08 중독과 은혜

고백의 능력 여호수아 10:15-27

마음 열기 Telling
마음을 열고 생각을 나누는 시간

- 나는 지금 무엇에 중독되어 있습니까?
- 주일/수요 설교를 듣고 느낀 점을 나눠 봅시다.

말씀 읽기 Holifying
깊은 묵상을 위한 질문과 답

1. 죄와 중독의 치료소, 큐티 시편 139:23-24

23 하나님이여 나를 살피사 내 마음을 아시며 나를 시험하사 내 뜻을 아옵소서 24 내게 무슨 악한 행위가 있나 보시고 나를 영원한 길로 인도하소서

- 다윗은 왜 자신의 악한 행위를 살펴 달라고 기도합니까? (24절)

2. 다윗의 중독 사무엘하 3:2-5

2 다윗이 헤브론에서 아들들을 낳았으되 맏아들은 암논이라 이스르엘 여인 아히노암의 소생이요 3 둘째는 길르압이라 갈멜 사람 나발의 아내였던 아비가일의 소생이요 셋째는 압살롬이라 그술 왕 달매의 딸 마아가의 아들이요 4 넷째는 아도니야라 학깃의 아들이요 다섯째는 스바댜라 아비달의 아들이요 5 여섯째는 이드르암이라 다윗의 아내 에글라의 소생이니 이들은 다윗이 헤브론에서 낳은 자들이더라

- 왜 다윗의 자녀와 아내 이름이 계속해서 언급됩니까? (2-5절)

✣ 나의 치명적인 약점은 무엇입니까?

3. 다윗의 밧세바 사건 사무엘하 12:4-5

4어떤 행인이 그 부자에게 오매 부자가 자기에게 온 행인을 위하여 자기의 양과 소를 아껴 잡지 아니하고 가난한 사람의 양 새끼를 빼앗다가 자기에게 온 사람을 위하여 잡았나이다 하니 5다윗이 그 사람으로 말미암아 노하여 나단에게 이르되 여호와의 살아 계심을 두고 맹세하노니 이 일을 행한 그 사람은 마땅히 죽을 자라

- 다윗이 나단에게 그가 마땅히 죽을 자라고 한 이유는 무엇입니까? (5절)

_____

_____

_____

🌱 책망을 받으면 어떤 반응을 보입니까?

주제 본문
여호수아 10:15-27

15여호수아가 온 이스라엘과 더불어 길갈 진영으로 돌아왔더라 16그 다섯 왕들이 도망하여 막게다의 굴에 숨었더니 17어떤 사람이 여호수아에게 고하여 이르되 막게다의 굴에 그 다섯 왕들이 숨은 것을 발견하였나이다 하니 18여호수아가 이르되 굴 어귀에 큰 돌을 굴려 막고 사람을 그 곁에 두어 그들을 지키게 하고 19너희는 지체하지 말고 너희 대적의 뒤를 따라가 그 후군을 쳐서 그들이 자기들의 성읍에 들어가지 못하게 하라 너희 하나님 여호와께서 그들을 너희 손에 넘겨주셨느니라 하고 20여호수아와 이스라엘 자손이 그들을 크게 살륙하여 거의 멸하였고 그 남은 몇 사람은 견고한 성들로 들어간 고로 21모든 백성이 평안히 막게다 진영으로 돌아와 여호수아에게 이르렀더니 혀를 놀려 이스라엘 자손을 대적하는 자가 없었더라 22그때에 여호수아가 이르되 굴 어귀를 열고 그 굴에서 그 다섯 왕들을 내게로 끌어내라 하매 23그들이 그대로 하여 그 다섯 왕들 곧 예루살렘 왕과 헤브론 왕과 야르뭇 왕과 라기스 왕과 에글론 왕을 굴에서 그에게로 끌어내니라 24그 왕들을 여호수아에게로 끌어내매 여호수아가 이스라엘 모든 사람을 부르고 자기와 함께 갔던 지휘관들에게 이르되 가까이 와서 이 왕들의 목을 발로 밟으라 하매 그들이 가까이 가서 그들의 목을 밟으매 25여호수아가 그들에게 이르되 두려워하지 말며 놀라지 말고 강하고 담대하라 너희가 맞서서 싸우는 모든 대적에게 여호와께서 다 이와 같이 하시리라 하고 26그 후에 여호수아가 그 왕들을 쳐 죽여 다섯 나무에 매달고 저녁까지 나무에 달린 채로 두었다가 27해질 때에 여호수아가 명령하매 그들의 시체를 나무에서 내려 그들이 숨었던 굴 안에 던지고 굴 어귀를 큰 돌로 막았더니 오늘까지 그대로 있더라

해석하기 Interpreting
구속사로 생각하기

1. 숨겨진 죄를 처리해야 합니다(15-16절).

여호수아는 해도 달도 멈추는 기도 응답을 받았지만, 길갈로 돌아왔습니다(15절). 가다 보니 다섯 왕이 굴속에 숨어 있습니다. 세상의 다섯 왕, 잘난 사람들은 사건이 닥치면 들은 말씀이 없으니 패할 수밖에 없습니다. 자기 목숨만 지키겠다고 굴속에 숨었습니다. 그러므로 세상 왕들의 화려한 겉모습을 보고 두려워할 필요가 없습니다. 약속의 길갈이 있는 우리는 이미 이긴 싸움을 하고 있기 때문입니다. 사탄은 끊임없이 죄를 숨기는 역할을 합니다. 사람들에게 공개적으로 말하고 비밀이 드러나면 그 힘을 잃을 텐데, 대부분의 중독은 개인의 약점과 관련이 있어서 털어놓기가 쉽지 않습니다.

2. 우선순위를 잘 판단해야 합니다(17-21절).

여호수아는 다섯 왕이 굴에 숨은 것을 알았지만, 바로 죽이지 않고 굴 어귀를 막아서 지키게 하고 남은 적군들부터 물리치라고 합니다(17-19절). 중요한 일과 급한 일 중에 무엇을 먼저 해야 할지 알고 있습니다. 남은 적군부터 물리치고 나니까 이스라엘을 비방하는 사람이 없었다고 합니다(21절).

3. 실제 삶에서 목 밟기 적용을 해야 합니다(22-27절).

은밀한 죄는 우리를 거듭 미혹시키려 하므로 그 죄를 발아래 놓고 밟아야 합니다. 여호수아는 자기가 할 수 있는데도 전쟁에 참가했던 지휘관들을 불러서 직접 밟으라고 합니다. 나 혼자만 전쟁에서 승리하는 것이 아니라 군사들의 양육과 훈련에도 관심을 기울이는 모습입니다. 큐티는 단순히 말씀을 읽고 기도하는 것이 아니라 말씀을 통해 내 죄를 경험하고 그 죄에 대한 목 밟기를 날마다 행하는 것입니다. 여호수아는 '두려워 말라'고 지휘관들을 격려해 왕들의 목을 밟게 하고, 왕들을 쳐 죽여 나무에 매달고 선포합니다(25-27절).

주제 본문 큐티 예시
여호수아 10:15-27

막게다 굴에 숨겼던 중독
유재웅

본문 요약

여호수아가 길갈로 돌아왔을 때, 다섯 왕들이 막게다 굴에 숨은 것을 알았습니다. 굴을 큰 돌로 막아 지키게 하고 대적의 뒤를 따라 후군을 쳐서 크게 살육합니다. 굴에서 다섯 왕들을 끌어내 지휘관들에게 다섯 왕들의 목을 밟게 하면서 두려워하지 말고 강하고 담대하라고 말합니다. 여호수아가 왕들을 쳐 죽이고 나무에 매달고 저녁까지 두었다가 해질 때 시체를 내려 그들이 숨었던 굴에 던지고 큰 돌로 막았더니 오늘까지 그대로 있습니다.

질문하기

1. 왜 다섯 왕들은 막게다 굴에 숨었을까? (16절)
2. 왜 다섯 왕들을 저녁까지 나무에 매달았까? (26절)

묵상하기

1. 왜 다섯 왕들은 막게다 굴에 숨었을까? (16절)

아무리 다섯 왕들은 자신들이 거느린 화려한 군대와 장비들을 보면서 승리를 확신했을 것입니다. 다섯 왕이 연합을 했으니 사기가 충천했지만, 싸움을 시작해 보니까 해와 달이 멈추고, 도무지 이길 수가 없습니다. 막상 전쟁이 시작되고 사건이 닥쳐오니까, 인내도 없고 들은 말씀도 없어서 패할 수밖에 없었던 것입니다. 그래서 감당을 못하니까 신하들의 생명은 안중에도 없이 자기 목숨만 지키겠다고 굴속에 숨었습니다.

이혼 가정에서 아버지의 외도를 보며 자란 저는 어머니의 빈자리를 채우려고 많은 이성을 만났습니다. 결혼 전에는 집에서 자는 날보다 모텔에서 자는 날이 더 많았습니다. 이렇듯 제 음란한 삶은 결혼 후에도 달라지지 않았습니다. 결혼한 지 3개월 만에 바람을 피우고 일을 핑계로 음주가무를 즐기며 주일에만 죄책감 없이 교회에 나갔습니다.

그러다 수원으로 이사를 오면서 장모님의 권유로 교회에 등록해 말씀을 들으며 소그룹 모임에서 제 잘못된 삶을 회개했습니다. 두 번의 바람 사건을 고백하고 직장을 옮기는 적용을 통해 가정이 회복되고 건강한 세 아들까지 주셨지만, 음란의 문제는 여전히 해결되지 않았습니다.

저는 아내와의 관계로는 만족이 되지 않았고, '새로운 누군가를 만나 볼까, 성인용품을 구입해 볼까' 하는 마음이 불일 듯 일어났습니다. 여전히 음란물 보는 것을 끊지 못하자 아내는 제가 성(性) 중독인 것 같다고 말했습니다. 하지만 저는 그 정도는 아니라며 합리화하고 성품으로 숨기며 살았습니다.

그러다 회사 워크숍으로 간 어느 펜션에서, 먼저 묵고 있던 여자들과 술자리를 했습니다. 저는 직원들과의 술자리를 마치고 다시 여자들이 있는 숙소로 가서 술을 마시며 즐기다가 새벽이 되어서야 돌아왔습니다. 저는 사탄에게 이용당했다면서 저 자신을 원망했습니다. 하지만 교회 소그룹 리더로 섬기고 있고 회사에서 인정받으니 내 성품으로 얼마든지 숨기고 살 수 있으리라 생각했습니다. 교회에서 받을 치리와 아내에게 아픔을 줘야 하는 현실이 너무 싫어 숨기고 싶었습니다. 그저 숨고만 싶었습니다. 더 이상 목사님의 설교도, 지체들과의 나눔도 은혜가 되지 않았습니다. 정말 교회를 떠나고 싶었습니다. 그래서인지 다섯 왕들이 막게다 굴에 숨는 모습이 너무나 제 모습 같았습니다(16절).

2. 왜 다섯 왕들을 저녁까지 나무에 매달았을까? (26절)

죽인 왕들을 나무에 매다는 것은 예수 그리스도 안에서 처형된 나의 죄와 수치를 선포하는 일입니다. 어렵게 적용해서 죄를 끊었다면 나무에 매다는 것, 즉 죄의 죽음을 선포하는 일이 필요합니다. 내가 내 죄와 수치를 매달고 선포하면 그 죄는 영원히 굴속으로 던져져 소멸되기 때문입니다.

저 역시 죄책감을 막게다 굴에 숨기고 숨어 지내고 있었습니다(16절). 하지만 정확히 1년 후 나단이 다윗에게 1년 전 밧세바를 범하고 우리아를 죽인 죄를 책망한 사무엘하 12장 설교 말씀을 듣고 하나님께 살려 달라고 기도하며 매달렸습니다. 굴속에 숨어 있는 아모리 왕은 이미 결박당했지만, 아내에게 똑같은 아픔을 줘야 하니 미안한 마음이 들었습니다. 소그룹 리더로서 저의 모든 죄가 드러난다면 교회에서 치리하리라는 걸 알기에 몹시 두렵기도 했습니다. 공동체에서 외적으로 인정 받고 싶은 왕의 모습이 있었기 때문입니다. 용기가 나지 않았지만 길갈 예배가 답이기에 길갈로 돌아와 소그룹 리더 모임, 가정과 소그룹 모임에서 죄를 고백했습니다. 걱정했던 대로 아내는 지긋지긋하다며 저를 칼로 위협하고 음료를 퍼부었고, 저는 수치와 조롱으로 힘든 시간을 보냈습니다. 그럼에도 아모리 다섯 왕들은 강력한 사탄의 하수인이기 때문에 굴속에 숨은 제 음란과 중독은 아직 완전히 끊어지지 않았습니다.

그러나 이 죄로 인해 은혜받는 것이 방해가 되니 중독을 정말 끊고 싶다고 간절히 기도했고, 은혜로 중독의 심각성을 깨닫게 되었습니다. 그러자 제 약점을 조용히 덮고 가려던 제게 소그룹 리더 직분 3개월 정지라는 치리를 허락하셨습니다. 내 죄를 드러내는 축복의 치리 사건으로도 끊어지지 않는 것이 중독이라고 정확히 말씀하시며, 그 중독을 막게다 굴에 숨기지 말고 나무에 매달고 선포하라고 하십니다(26절).

이제 중독에서 해방되기 위해 우선순위를 잘 판단해 힘들고 어려운 지체부터 돌보려고 합니다. 실제 삶에서 목 밟는 적용으로 죄 고백과 간증을 했지만, 내가 적용했다고 해서 하루아침에 다섯 왕이 다 죽는 것은 아니기에 이렇듯 나무에 매달아 드러나게 해 주셨습니다(26절).

적용하기
- 음란 중독을 인정하고, 기회가 될 때마다 공동체에서 고백하며 수치를 잘 감당하겠습니다.
- 병원에 가서 심리 상담을 받겠습니다.

기도하기
사건을 통해 음란 중독이 드러나 끊어지게 해 주시니 감사합니다. 하지만 여전히 '이 정도면 되겠지' 하는 생각과 잠자리를 해 주지 않는 아내를 탓하며 어쩔 수 없다고 합리화하는 모습이 있습니다. 불쌍히 여겨 주시고 용서해 주옵소서.

나의 음란 중독을 인정하고 무너질 것 같은 환경에 가지 않고 매일 말씀을 보며 깨어 있기를 소망합니다. 예배를 우선순위에 두고 길갈 공동체에 잘 묶여갈 수 있기를 기도합니다. 중독이 완전히 끊어지기까지 소그룹에서 수시로 드러내며 교회, 직장, 가정에서 맡겨 주신 사명을 잘 감당할 수 있도록 인도해 주옵소서.

돌아보기 Nursing
주제 도서 읽고 나누기

- 『중독과 은혜』(제럴드 메이, IVP)를 읽고, 독후감을 작성해 봅시다.

살아내기 Keeping
한 주의 실천 과제와
매일 큐티

- **생활숙제** 끊지 못하는 중독과 숨겨진 죄를 하나님께 고백한 뒤 공동체에 중보기도를 요청합시다.
- **매일큐티** 매일 큐티를 통해 한 주간 나 자신과 가정, 공동체를 어떻게 지키려 했는지 돌아봅시다.

성구 암송과 교리 요약

죄와 중독을 끊는 큐티

23하나님이여 나를 살피사 내 마음을 아시며 나를 시험하사 내 뜻을 아옵소서 24내게 무슨 악한 행위가 있나 보시고 나를 영원한 길로 인도하소서

시편 139:23-24

매일 큐티하는 사람은 모든 일을 하나님께 고백합니다. 말씀 안에서 내 죄와 욕심을 발견하고 내 힘으로 끊지 못하는 것들을 회개할 때, 하나님은 그것들을 끊는데 필요한 힘을 공급해 주십니다.

고백의 능력

16그 다섯 왕들이 도망하여 막게다의 굴에 숨었더니 17어떤 사람이 여호수아에게 고하여 이르되 막게다의 굴에 그 다섯 왕들이 숨은 것을 발견하였나이다 하니 **여호수아 10:16-17**

중독으로 이어지는 전쟁에서 승리하려면 먼저 숨겨진 죄를 처리해야 합니다. 그리스도 안에서 회개하고 숨겨진 죄를 고백하면 죄가 힘을 잃고 치유가 시작됩니다.

상대가 나보다 옳다고 인정하는 것은 내 죄를 인식할 때만 가능합니다.

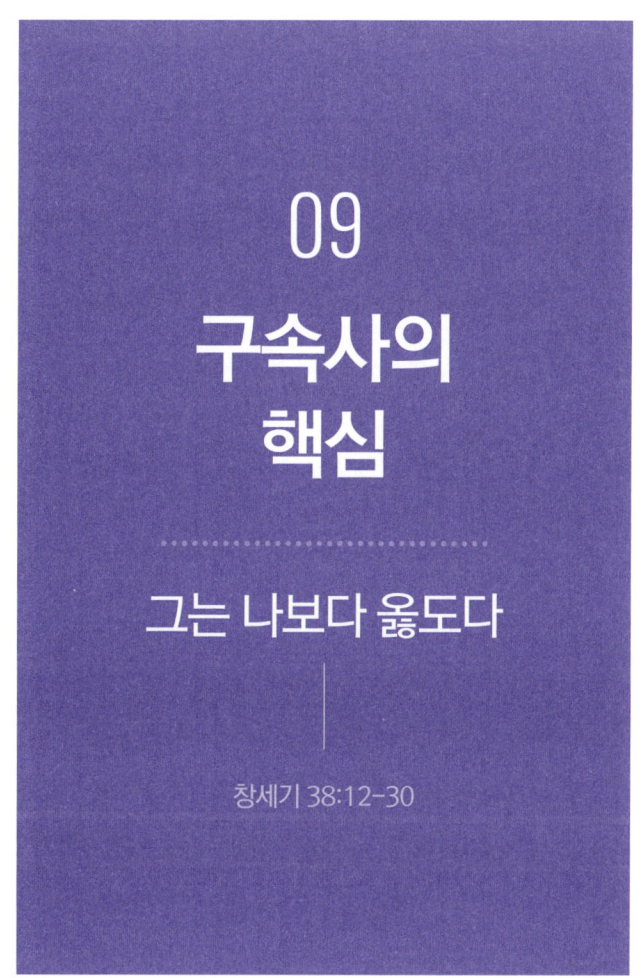

09 구속사의 핵심

그는 나보다 옳도다 창세기 38:12-30

마음 열기 Telling
마음을 열고 생각을
나누는 시간

- 지금 네 탓, 내 탓 따지고 있는 것은 무엇입니까?
- 주일/수요 설교를 듣고 느낀 점을 나눠 봅시다.

말씀 읽기 Holifying
깊은 묵상을 위한 질문과 답

1. 구속사의 계보   창세기 5:3-29

3아담은 백삼십 세에 자기의 모양 곧 자기의 형상과 같은 아들을 낳아 이름을 셋이라 하였고 4아담은 셋을 낳은 후 팔백 년을 지내며 자녀들을 낳았으며 5그는 구백삼십 세를 살고 죽었더라 6셋은 백오 세에 에노스를 낳았고 7에노스를 낳은 후 팔백칠 년을 지내며 자녀들을 낳았으며 8그는 구백십이 세를 살고 죽었더라 …… 21에녹은 육십오 세에 므두셀라를 낳았고 22므두셀라를 낳은 후 삼백 년을 하나님과 동행하며 자녀들을 낳았으며 23그는 삼백육십오 세를 살았더라 24에녹이 하나님과 동행하더니 하나님이 그를 데려가시므로 세상에 있지 아니하였더라 25므두셀라는 백팔

십칠 세에 라멕을 낳았고 26 라멕을 낳은 후 칠백팔십이 년을 지내며 자녀를 낳았으며 27 그는 구백육십구 세를 살고 죽었더라 28 라멕은 백팔십이 세에 아들을 낳고 29 이름을 노아라 하여 이르되 여호와께서 땅을 저주하시므로 수고롭게 일하는 우리를 이 아들이 안위하리라 하였더라

1) 아담에서 에노스에 이르는 계보는 무엇을 나타냅니까? (3-7절)

_____

_____

_____

2) 라멕이 백팔십이 세에 낳은 아들 노아가 어떻게 안위합니까?
   (28-29절)

_____

_____

_____

2. 구속사적으로 성경 읽기 시편 1편

1 복 있는 사람은 악인들의 꾀를 따르지 아니하며 죄인들의 길에 서지 아니하며 오만한 자들의 자리에 앉지 아니하고 2 오직 여호와의 율법을 즐거워하여 그의 율법을 주야로 묵상하는도다 3 그는 시냇가에 심은 나무가 철을 따라 열매를 맺으며 그 잎사귀가 마르

지 아니함 같으니 그가 하는 모든 일이 다 형통하리로다 4악인들은 그렇지 아니함이여 오직 바람에 나는 겨와 같도다 5그러므로 악인들은 심판을 견디지 못하며 죄인들이 의인들의 모임에 들지 못하리로다 6무릇 의인들의 길은 여호와께서 인정하시나 악인들의 길은 망하리로다

- 시편 1편을 통해 무엇을 묵상할 수 있습니까? (1-6절)

___

___

___

3. 하나님의 구속사 디도서 2:11-15

11모든 사람에게 구원을 주시는 하나님의 은혜가 나타나 12우리를 양육하시되 경건하지 않은 것과 이 세상 정욕을 다 버리고 신중함과 의로움과 경건함으로 이 세상에 살고 13복스러운 소망과 우리의 크신 하나님 구주 예수 그리스도의 영광이 나타나심을 기다리게 하셨으니 14그가 우리를 대신하여 자신을 주심은 모든 불법에서 우리를 속량하시고 우리를 깨끗하게 하사 선한 일을 열심히 하는 자기 백성이 되게 하려 하심이라 15너는 이것을 말하고 권면하며 모든 권위로 책망하여 누구에게서든지 업신여김을 받지 말라

1) 왜 경건하지 않은 것과 세상 정욕을 버려야 합니까? (12절)

2) 왜 복스러운 소망과 예수 그리스도의 영광을 기다립니까? (13절)

3) 하나님의 자기 백성이 된다는 것은 무슨 뜻입니까? (14절)

주제 본문
창세기 38:12-30

12얼마 후에 유다의 아내 수아의 딸이 죽은지라 유다가 위로를 받은 후에 그의 친구 아둘람 사람 히라와 함께 딤나로 올라가서 자기의 양털 깎는 자에게 이르렀더니 13어떤 사람이 다말에게 말하되 네 시아버지가 자기의 양털을 깎으려고 딤나에 올라왔다 한지라 14그가 그 과부의 의복을 벗고 너울로 얼굴을 가리고 몸을 휩싸고 딤나 길 곁 에나임 문에 앉으니 이는 셀라가 장성함을 보았어도 자기를 그의 아내로 주지 않음으로 말미암음이라 15그가 얼굴을 가리었으므로 유다가 그를 보고 창녀로 여겨 16길 곁으로 그에게 나아가 이르되 청하건대 나로 네게 들어가게 하라 하니 그의 며느리인 줄을 알지 못하였음이라 그가 이르되 당신이 무엇을 주고 내게 들어오려느냐 17유다가 이르되 내가 내 떼에서 염소 새끼를 주리라 그가 이르되 당신이 그것을 줄 때까지 담보물을 주겠느냐 18유다가 이르되 무슨 담보물을 네게 주랴 그가 이르되 당신의 도장과 그 끈과 당신의 손에 있는 지팡이로 하라 유다가 그것들을 그에게 주고 그에게로 들어갔더니 그가 유다로 말미암아 임신하였더라 19그가 일어나 떠나가서 그 너울을 벗고 과부의 의복을 도로 입으니라 20유다가 그 친구 아둘람 사람의 손에 부탁하여 염소 새끼를 보내고 그 여인의 손에서 담보물을 찾으려 하였으나 그가 그 여인을 찾지 못한지라 21그가 그곳 사람에게 물어 이르되 길 곁 에나임에 있던 창녀가 어디 있느냐 그들이 이르되 여기는 창녀가 없느니라 22그가 유다에게로 돌아와 이르되 내가 그를 찾지 못하였고 그곳 사람도 이르기를 거기에는 창녀가 없다 하더이다 하더라 23유다가 이르되 그로 그것을 가지게 두라 우리가 부끄러움을 당할까 하노라 내가 이 염소 새끼를 보냈으나 그대가 그를 찾지 못하였느니라 24석 달쯤 후에 어떤 사람이 유다에게 일러 말하되 네 며느리 다말이 행음하였고 그 행음함으로 말미암아 임신하였느니라 유다가 이르되 그를 끌어내어 불사르라 25여인이 끌려 나갈 때에 사람을 보내어 시아버지에게 이르되 이 물건 임자로 말미암아 임신하였나이다 청하건대 보소서 이 도장과 그 끈과 지팡이가 누구의 것이니이까 한지라 26유다가 그것들을 알아보고 이르되 그는 나보다 옳도다 내가 그를 내 아들 셀라에게 주지 아니하였음이로다 하고 다시는 그를 가까이하지 아니하였더라 27해산할 때에 보니 쌍태라 28해산할 때에 손이 나오는지라 산파가 이르되 이는 먼저 나온 자라 하고 홍색 실을 가져다가 그 손에 매었더니 29그 손을 도로 들이며 그의 아우가 나오는지라 산파가 이르되 네가 어찌하여 터뜨리고 나오느냐 하였으므로 그 이름을 베레스라 불렀고 30그의 형 곧 손에 홍색 실 있는 자가 뒤에 나오니 그의 이름을 세라라 불렀더라

해석하기 Interpreting
구속사로 생각하기

1. 모든 문제는 '나는 옳고 너는 틀렸다'에서 비롯됩니다
(창 38:1-11절).

유다는 헤브론을 떠나 가나안의 아둘람에서 '반석' 같은 세상 친구 히라를 만나고, 부요한 장인 수아의 딸과 불신결혼을 합니다. '파수꾼' 엘과 '부요와 왕성'의 정욕적인 오난, '평화와 기도'의 셀라라는 아들 셋을 낳고, '거짓의 도시' 거십에서 '예쁜 종려나무' 같은 며느리 다말을 얻어 잘살고 있었습니다. 그런데 하나님이 유다를 예수님의 조상으로 지목하셨기에 여호와 앞에서 악한 장자 엘을 죽이셨습니다. 계대혼인법에 따라 시동생 오난이 다말에게 후사를 낳아 주어야 했지만, 오난은 수치당하기는 싫고 재산을 지키면서 성적 쾌락만을 맛보고자 했습니다. 하나님은 악한 둘째도 죽이셨습니다. 다말이 기업을 이으려면 막내아들도 주어야 했지만, 두 아들의 악함을 깨닫지 못한 유다는 며느리 다말이 모든 불행을 가져왔다고 책임을 전가합니다.

2. 책임을 전가하는 사람은 결정적인 악을 범합니다(12-25절).

다말은 기업을 잇는 것의 의미를 알았기 때문에 창기로 변장했습니다. 유다는 가나안 생활 방식에 젖어 슬픔을 일과 성적 쾌락으로 잊으려 했고, 변장한 며느리 다말을 창녀인 줄 알고 행음합니다(15절). 도장과 끈과 지팡이를 다말에게 주어 언약의 주도권이 다말에게 넘어갑니다. 유다가 부끄러움당할 것을 생각하고 세상 친구 히라를 통해 죄의 흔적을 지우려 하지만, 유다에게 죄의 흔적이 남게 되었습니다. 자기도 행음했지만, 며느리가 행음했다는 소식에 불살라 죽이라고 합니다.

3. "그는 나보다 옳다"의 내 책임입니다(26절).

유다는 다말이 언약의 후사를 위해 하나님의 옳으심으로 행한 것을 깨닫고 다시는 가까이하지 않고 회개합니다(26절). 또한 다말의 임신이 유다 자신의 악에 비해 의롭다고 공동체 앞에서 고백합니다. 나의 구원을 위해 예수님이 십자가에서 죽어 주신 것처럼 유다의 깨달음을 위해 다말의 낮아짐이 필요했습니다. 혼자서는 깨달을 수 없습니다. 다말의 희생을 통해 자신의 책임을 깨닫게 된 것입니다. 상대가 나보다 옳다고 인정하는 것은 내 죄를 인식할 때만 가능한 일입니다.

4. 최고의 축복을 주십니다(27-30절).

다말이 부끄러움을 무릅쓰고 한 적용은 시아버지 유다를 살리고, 베레스와 세라라는 쌍둥이 아들을 주심으로 두 아들의 죽음까지 보상 받습니다(27절). 룻기에서 보아스가 룻을 받아들일 때, 성문의 장로들이 "네 집이 다말이 유다에게 낳아 준 베레스의 집과 같게 하시기를 원하노라"(룻 4:12)라고 축복했습니다. 세상적으로는 저주이고 수치스러운 일이지만, 이런 유다가 예수님의 조상이 되었습니다. 이렇듯 말씀이 들리는 다말 같은 한 사람이 중심을 잡으면 다 살아나는 축복을 주십니다.

주제 본문 큐티 예시
창세기 38:12-30

나보다 옳은 올케
김현옥

본문 요약
아내가 죽은 후에 양털을 깎으러 딤나로 올라간 유다는 과부의 의복을 벗고 얼굴을 가린 며느리 다말을 창녀로 여겨 도장과 끈과 지팡이를 주고 동침합니다. 석 달쯤 후에 유다는 다말이 임신한 것을 알고 불사르라고 합니다. 다말이 도장과 끈과 지팡이를 보여 주자 유다가 알아보고, 그는 나보다 옳다고 말합니다. 다말은 얼마 후에 쌍둥이 아들을 낳습니다.

질문하기
1. 왜 다말은 과부의 의복을 벗고 얼굴을 가리고 딤나 길 곁에 앉았을까? (14절)
2. 왜 유다는 며느리 다말에게 그는 나보다 옳다고 했을까? (26절)

묵상하기
1. 왜 다말은 과부의 의복을 벗고 얼굴을 가리고 딤나 길 곁에 앉았을까? (14절)
유다는 며느리 다말의 남편인 첫째 아들과 둘째 아들이 죽었을 때, 다말에게 막내아들을 주어 기업을 얻게 해야 함에도 다말을 친정으로 보냅니다. 시아버지가 딤나에 온 것을 안 다말은 기업을 얻기 위해 부끄러움을 무릅쓰고 창녀로 변장해 딤나 길 곁에 앉아 유다를 기다립니다.

오랜 세월 전도해도 예수님을 믿지 않던 동생이 아버지의 장례식을 계기로 제가 다니는 교회에 와서 세례를 받고 정착하니 기뻤습니다. 노총각인 동생이 신결혼하기를 기도했는데, 자녀가 두 명 있는 이혼녀를 만나고 있다는 것을 알게 됐습니다. 불신교제였기에 헤어지라고 했지만 이미 여자가 임신한 상태였습니다. 그래서 아이는 낳아야 하지만, 결혼은 믿음이 없으면 안 되니 교회에서 양육부터 받자고 했습니다. 동생의 여자친구는 교회에 등록해 소그룹 모임에도 참석하고, 양육도 받는 것 같았습니다.

그런데 실상은 아니었는지 4개월쯤 후에 소속 리더로부터 연락이 왔습니다. 동생이 만나는 여자가 자기 이야기를 잘 안 하고, 양육도 중도에 포기했다면서 동생을 걱정했습니다. 왠지 의심쩍어 가족관계증명서를 떼어 오라고 했더니 여자의 자녀는 둘이 아니라 다섯이었습니다. 저는 결혼은 안 된다고 강하게 만류했습니다. 그 와중에 아이가 태어났고 양육비만 주었는데, 그 여자는 교회를 떠나지 않고 계속 나왔습니다. 그리고 주일에만 교회에서 아이를 보던 동생은 헤어질 때면 아이 얼굴이 자꾸 떠오른다고 했습니다.

2. 왜 유다는 며느리 다말에게 그는 나보다 옳다고 했을까? (26절)

가나안 생활 방식에 젖어 있던 유다는 변장한 며느리 다말을 창녀로 알고 담보물을 주고 동침함으로 죄의 흔적이 남게 됩니다. 유다는 자기도 행음했으면서 다말이 임신했다고 하니 불살라 죽이라고 합니다. 그러나 다말이 내민 도장과 끈과 지팡이를 알아보고 후사를 위해 행음한 며느리가 자기보다 옳다고 고백합니다.

'왜 하나님이 이 사건을 주셨을까?' 생각하니 제가 지은 죄가 떠올랐습니다. 제가 아홉 살 때 어머니가 외도로 가출한 후, 부모님이 안 계셨던 아버지는 저와 동생을 외가에 맡기셨습니다. 그런데 그날로 쫓겨나 고아원으로 가게 되었고, 그곳에서 예수님을 믿게 되었습니다. 5년 만에 아버지를 다시 만났지만 무서운 새엄마와 함께 살게 되었습니다. 친엄마에게 버림받고 새엄마에게 거절당한 상처와 복수심으로, 결혼하면 자녀를 많이 낳고 싶었습니다.

그렇지만 입덧이 심했던 저는 엄마가 나를 버려서 이런 고통을 당한다며 고통 속에 챙겨 주는 부모가 없음을 탓하고 책임을 전가하며, 천하보다 귀한 생명을 죄인 줄 모르고 여러 번 낙태했습니다. 저야말로 심판받아 마땅한 죄인임에도 하나님이 용서해 주셨는데 내 죄를 보지 못한 것입니다. 유다 자신이 행음했음에도 며느리가 임신했다는 소식에 불사르고 죽이라고 한 것같이(24절) 저는 그 여자를 향해 '자녀가 많은데 속이고 총각인 동생을 만났다'며 정죄하고 결혼을 반대했습니다. 그런데 그녀는 마흔일곱 살 노산임에도 아이를 낙태하지 않고, 전남편 자녀까지 여섯 명을 낳은 것입니다.

동생의 아이 엄마를 통해 제 죄가 더욱 깨달아지니 "그는 나보다 옳도다, 내 책임이다"라고 말할 수 있게 되었습니다(26절). 공동체에 속해 있으니 문제를 잘 해석하고 바로잡아 올바른 판단을 하게 된 것입니다. 평생 엄마를 원망하며 수치스러워했는데, 엄마는 저처럼 낙태하지 않고 저와 동생을 낳아 주어서 내가 예수님을 믿고 구원을 받았으니 이제는 '나보다 옳도다'가 인정이 됩니다.

올케의 자녀가 더 늘었지만, 생명을 귀히 여기는 올케와 동생을 4년 만에 결혼시키고 나니 올케에게 미운 감정이 눈 녹듯 사라졌습니다. 다말처럼 적용하고 중심 잡는 올케 한 사람 때문에 조카도 살고 동생도 가족이 생겼습니다. 가장 교만한 말인 "너 때문이야"에서 최고의 회개인 "그는 나보다 옳도다"가 되게 해 주신 하나님께 감사합니다.

적용하기
- 동생 부부가 자녀를 건강하게 키우고, 아이들이 영적 후사로 자라나길 기도하겠습니다.
- 천하보다 귀한 생명을 낙태한 죄를 회개하는 마음으로 소년부를 계속 섬기겠습니다.

기도하기
결손 가정의 상처로, 동생이 자녀가 많은 이혼녀와 결혼하면 불행해질까 염려되어 올케를 정죄하고 결혼을 반대했습니다. 그럼에도 공동체를 떠나지 않고 부끄러움을 무릅쓰고 아이를 낳은 올케를 통해 입덧이 심하다는 이유로 천하보다 귀한 생명을 낙태한 제 죄를 깨닫게 하시고 회개하게 하시니 감사합니다. 공동체에서 다말처럼 영적 자녀를 낳게 하시고 유다처럼 내 죄만 보게 도와주옵소서.

돌아보기 Nursing
주제 도서 읽고 나누기

- 『하나님의 은혜』(제럴드 싯처, 성서유니온)를 읽고, 독후감을 작성해 봅시다.

살아내기 Keeping
한 주의 실천 과제와
매일 큐티

- **생활숙제** 나의 구원과 거룩을 위해 희생한 사람을 떠올려 보고 감사편지를 써 봅시다.
- **매일 큐티** 매일 큐티를 통해 한 주간 나 자신과 가정, 공동체를 어떻게 지키려 했는지 돌아봅시다.

성구 암송과 교리 요약

하나님의 선한 목적

14그가 우리를 대신하여 자신을 주심은 모든 불법에서 우리를 속량하시고 우리를 깨끗하게 하사 선한 일을 열심히 하는 자기 백성이 되게 하려 하심이라 **디도서 2:14**

하나님이 우리에게 여러 고난과 훈련을 겪게 하시는 이유는 나 혼자 잘살라는 것이 아니라 선한 일에 열심을 내는 자기 백성으로 만드시기 위함입니다. 이런 과정을 겪지 않고는 누구도 주의 일을 할 수 없으며, 이것이 구속사입니다.

구속사적 회개

26유다가 그것들을 알아보고 이르되 그는 나보다 옳도다 내가 그를 내 아들 셀라에게 주지 아니하였음이로다 하고 다시는 그를 가까이하지 아니하였더라 **창세기 38:26**

유다는 다말이 한 일이 영적 후사를 얻기 위한 믿음의 행동임을 깨닫고, 다말에게 아들 셀라를 주겠다는 약속을 무시하고 창녀와 동침한 죄를 회개합니다. 결국 다말을 인정하고 회개한 유다는 다윗과 예수님의 조상이 됩니다.

은사는 하나님이 주신 선물이기에 좋고 나쁨이 없습니다.
내가 회개만 하면 하나님은 나의 은사를 최고로 쓰십니다.

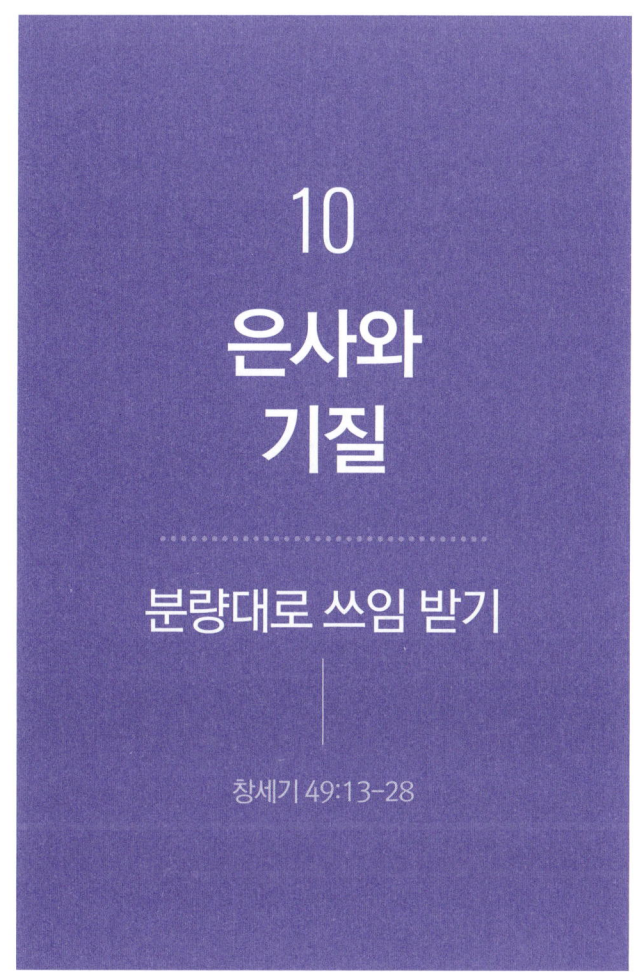

10 은사와 기질

분량대로 쓰임 받기 창세기 49:13-28

마음 열기 Telling
마음을 열고 생각을 나누는 시간

- 자신에게 어떤 은사가 있다고 생각합니까?
- 주일/수요 설교를 듣고 느낀 점을 나눠 봅시다.

말씀 읽기 Holifying
깊은 묵상을 위한 질문과 답

1. 달란트 비유 마태복음 25:14-30

14또 어떤 사람이 타국에 갈 때 그 종들을 불러 자기 소유를 맡김과 같으니 15각각 그 재능대로 한 사람에게는 금 다섯 달란트를, 한 사람에게는 두 달란트를, 한 사람에게는 한 달란트를 주고 떠났더니 16다섯 달란트 받은 자는 바로 가서 그것으로 장사하여 또 다섯 달란트를 남기고 17두 달란트 받은 자도 그같이 하여 또 두 달란트를 남겼으되 18한 달란트 받은 자는 가서 땅을 파고 그 주인의 돈을 감추어 두었더니 19오랜 후에 그 종들의 주인이 돌아와 그들과 결산할새 20다섯 달란트 받았던 자는 다섯 달란트를 더 가지고 와서 이르되 주인이여 내게 다섯 달란트를 주셨는데 보소서 내가 또 다섯 달란트를 남겼나이다 21그 주인이 이르되 잘하였도다 착하고 충성된 종아 네가 적은 일에 충성하였으매 내가 많은 것을 네게 맡기리니 네 주인의 즐거움에 참여할지어다 하고…… 24한 달란트 받았던 자는 와서 이르되 주인이여 당신은 굳은 사람이라 심지 않은 데서 거두고 헤치지 않은 데서 모으는 줄을 내가 알았으므로 25두려워하여 나가서 당신의 달란트를 땅에 감추어 두었었나이다 보소서 당신의 것을 가지셨나이다 26그 주인이 대답하여 이르되 악하고 게으른 종아 나는 심지 않은 데서 거두고 헤치지 않은 데서 모으는 줄로 네가 알았느냐 27그러면 네가 마땅히 내 돈을 취리하는 자들에게나 맡겼다가 내가 돌아와서 내 원금과 이자를 받게 하였을 것이니라 하고 28그에게서 그 한 달란트를 빼앗아 열 달란트 가진 자에게 주라 29무릇 있는 자는 받아 풍족하게 되고 없는 자는 그 있는 것까지 빼앗기리라 30이 무익한 종을 바깥 어두운 데로 내쫓으라 거기서 슬피 울며 이를 갈리라 하니라

1) 다섯 달란트 받은 자와 두 달란트 받은 자는 어떻게 달란트를 남겼습니까? (16-17절)

_____

_____

_____

2) 주인의 즐거움에 어떻게 참여할 수 있습니까? (21-23절)

_____

_____

_____

🌱 주님의 일을 하면서 즐겁습니까? 아니면 즐겁지 않습니까?

3) 한 달란트 받은 사람이 돈을 땅에 감춘 이유는 무엇입니까?
 (24-25절)

_____

_____

_____

4) 왜 악하고 게으른 종이라고 하십니까? (26-27절)

_____

_____

_____

2. 자기 유익만 구하는 압살롬 사무엘하 15:1-6

1 그 후에 압살롬이 자기를 위하여 병거와 말들을 준비하고 호위병 오십 명을 그 앞에 세우니라 2 압살롬이 일찍이 일어나 성문 길 곁에 서서 어떤 사람이든지 송사가 있어 왕에게 재판을 청하러 올 때에 그 사람을 불러 이르되 너는 어느 성읍 사람이냐 하니 그 사람의 대답이 좋은 이스라엘 아무 지파에 속하였나이다 하면 3 압살롬이 그에게 이르기를 보라 네 일이 옳고 바르다마는 네 송사를 들을 사람을 왕께서 세우지 아니하셨다 하고 4 또 압살롬이 이르기를 내가 이 땅에서 재판관이 되고 누구든지 송사나 재판할 일이 있어 내게로 오는 자에게 내가 정의 베풀기를 원하노라 하고 5 사람이 가까이 와서 그에게 절하려 하면 압살롬이 손을 펴서 그 사람을 붙들고 그에게 입을 맞추니 6 이스라엘 무리 중에 왕께 재판을 청하러 오는 자들마다 압살롬의 행함이 이와 같아서 이스라엘 사람의 마음을 압살롬이 훔치니라

1) 왜 압살롬은 병거와 말들을 준비합니까? (1절)

_____

_____

2) 압살롬은 어떻게 이스라엘 사람의 마음을 훔쳤습니까? (5-6절)

_____

_____

_____

🌱 다른 사람의 마음을 훔치기 위해 과시하는 것이 있습니까?

주제 본문
창세기 49:13-28

13스불론은 해변에 거주하리니 그곳은 배 매는 해변이라 그의 경계가 시돈까지리로다 14잇사갈은 양의 우리 사이에 꿇어앉은 건장한 나귀로다 15그는 쉴 곳을 보고 좋게 여기며 토지를 보고 아름답게 여기고 어깨를 내려 짐을 메고 압제 아래에서 섬기리로다 16단은 이스라엘의 한 지파같이 그의 백성을 심판하리로다 17단은 길섶의 뱀이요 샛길의 독사로다 말굽을 물어서 그 탄 자를 뒤로 떨어지게 하리로다 18여호와여 나는 주의 구원을 기다리나이다 19갓은 군대의 추격을 받으나 도리어 그 뒤를 추격하리로다 20아셀에게서 나는 먹을 것은 기름진 것이라 그가 왕의 수라상을 차리리로다 21납달리는 놓인 암사슴이라 아름다운 소리를 발하는도다 22요셉은 무성한 가지 곧 샘 곁의 무성한 가지라 그 가지가 담을 넘었도다 23활 쏘는 자가 그를 학대하며 적개심을 가지고 그를 쏘았으나 24요셉의 활은 도리어 굳세며 그의 팔은 힘이 있으니 이는 야곱의 전능자 이스라엘의 반석인 목자의 손을 힘입음이라 25네 아버지의 하나님께로 말미암나니 그가 너를 도우실 것이요 전능자로 말미암나니 그가 네게 복을 주실 것이라 위로 하늘의 복과 아래로 깊은 샘의 복과 젖먹이는 복과 태의 복이리로다 26네 아버지의 축복이 내 선조의 축복보다 나아서 영원한 산이 한없음같이 이 축복이 요셉의 머리로 돌아오며 그 형제 중 뛰어난 자의 정수리로 돌아오리로다 27베냐민은 물어뜯는 이리라 아침에는 빼앗은 것을 먹고 저녁에는 움킨 것을 나누리로다 28이들은 이스라엘의 열두 지파라 이와 같이 그들의 아버지가 그들에게 말하고 그들에게 축복하였으니 곧 그들 각 사람의 분량대로 축복하였더라

해석하기 | Interpreting
구속사로 생각하기

1. 거하는 은사, 스불론입니다(13절).

요동치 않고 정해진 지경에 거하는 것이 얼마나 큰 은사인지 모릅니다. 그 자리에 붙어만 있으면 수지맞는다는 축복이 스불론의 축복입니다. 그러나 해변에 배가 매여 있으면 언제나 망망대해로 나갈 수 있기에 경계가 있다고 합니다. 아무리 돈이 좋아도 시돈을 넘어가면 안 된다는 것입니다.

2. 낮아짐의 은사, 잇사갈입니다(14-15절).

섬기는 사람이 공동체에 있으면 그 자체가 남을 세워 주는 은사가 됩니다. 그러나 잇사갈 같은 사람이 경계를 넘어가면 아무리 심각해도 만사를 제치고 노니까 문제입니다. 유다처럼 자기희생으로 섬기는 것이 아니라 잇사갈처럼 쉴 곳을 보고 좋게 여기면 하루아침에 주인에서 종이 될 수 있습니다.

3. 심판의 은사, 단입니다(16-18절).

단은 라헬의 종인 빌하의 소생으로 "억울함을 푸시려고 내 소리를 들으셨다"라는 뜻입니다. 옳고 그름을 헤아리는 능력이 있기에 때마다 심판을 잘합니다. 그러나 뱀의 특성이 몰래 측면을 공격해서 치명타를 입히는 것입니다. 판단을 잘하다 보니까 월권을 합니다. 단이 여호수아가 할당해 준 성읍에 만족하지 않고 평화롭게 사는 라이스 주민을 약탈하고 정복해 놓고는 하나님이 명령하신 땅을 정복했다고 부르짖었습니다.

4. 추격하는 은사, 갓입니다 (19절).

민수기에서 르우벤, 므낫세, 갓 지파는 요단 동편 땅이 좋아 보여서 분배를 받았습니다. 그런데 그 지역이 날마다 침략을 받습니다. 늘 공격을 받고 추격해야 하니 강박관념으로 일 중독이 됩니다.

5. 공궤하는 은사, 아셀입니다 (20절).

긍휼은 창자가 끊어지듯이 아파하는 것을 말합니다. 마음으로 불쌍해 하고 염려하는 데서 끝나는 게 아니라 직접 찾아가 상처를 보듬어 주고 문제를 해결하도록 돕는 것입니다.

6. 기쁜 소식을 전하는 은사, 납달리입니다 (21절).

납달리는 찬양으로 복음을 전하는 은사가 있습니다. 그런데 첩인 빌하의 소생으로, 어머니가 야곱의 첫째 아들인 르우벤과 통간한 상처 또한 있습니다. 찬양할 때는 좋지만, 상처가 많으니 문제가 되기도 합니다.

7. 보여 주는 식물의 은사, 요셉입니다 (22-26절).

얼마나 보여 줄 것이 많은지 유다와 똑같이 다섯 절이나 축복합니다. 요셉은 적용을 잘해서 하나님이 범사에 형통하게 하셨습니다. 경계를 넘어가지만 않으면 이런 축복도 반드시 필요합니다. 그러나 요셉은 무성한 가지로 경계를 넘어갔습니다. 받을 수 있는 복은 다 받아서 존재 자체가 사람들을 주눅 들게 합니다. 훗날 요셉 지파가 방종한 삶에 빠지고 우상숭배에 몰두함으로 앗수르에 멸망합니다. 하나님께 복을 받는 것도 중요하지만, 잘 관리하는 것이 더 중요함을 보여 줍니다.

8. 물어뜯는 이리의 은사, 베냐민입니다 (27절).

베냐민은 지고는 못 삽니다. 항상 이리처럼 물어뜯어서 가져다 놓습니다. 사실 베냐민 지파가 거주하던 지역은 안전해서 부족한 것이 없었습니다. 그러면 감사해야 할 텐데 자기밖에 모르고 남에게 베풀 줄 모르는 물어뜯는 이리의 특성이 있습니다.

주제 본문 큐티 예시
창세기 49:13-28

경계를 넘어간 죄인

박종혁

본문 요약
이스라엘은 스불론의 경계가 시돈에 미칠 것과 잇사갈이 비옥한 땅에서 압제 아래 살 것을 말합니다. 단은 독사처럼 원수를 넘어뜨리고, 갓은 반격을 가하며, 아셀은 수라상을 차리며, 납달리는 암사슴이라고 합니다. 무성한 가지인 요셉은 샘 곁의 무성한 가지가 담을 넘으며, 베냐민은 물어뜯는 이리라고 합니다.

질문하기
1. 왜 갓은 추격하고, 요셉은 무성한 가지가 담을 넘었고, 베냐민은 물어뜯는 이리라고 했을까? (19, 22, 27절)
2. 왜 스불론은 해변에 거주하며, 경계가 시돈까지라고 했을까? (13절)

묵상하기
1. 왜 갓은 추격하고, 요셉은 무성한 가지가 담을 넘었고, 베냐민은 물어뜯는 이리라고 했을까? (19, 22, 27절)

갓 지파는 요단 동편 땅을 분배받았다가 적의 침략을 많이 받았습니다. 그래서 늘 추격을 받고 추격하는 신세가 되었습니다. 요셉 지파는 무성한 가지처럼 보여 줄 것이 많지만 경계를 넘어섰고, 베냐민 지파는 물어뜯는 이리와 같은 이기심이 있었습니다.

학창 시절 모범생으로 의대에 진학한 후, 기독학생 동아리에 들어가 1년 정도 교회를 열심히 다녔습니다. 그런데 공부의 중압감과 세상의 유혹을 이기지 못하고 교회를 점점 멀리했습니다. 물어뜯는 이리 같은 베냐민 지파처럼 지고는 못 사는 성격과(27절) 추격하는 은사를 가진 갓 지파처럼(19절) 이기고 이기려는 마음으로 열심히 공부해서 대학 시절 내내 장학금을 받고 우수한 성적으로 졸업했습니다. 그리고 인턴 과정 중에 결혼했지만, 아내는 당시 유행하던 열쇠 세 개는 해오지 못했습니다. 성공을 위해 앞만 보며 달리다가 일 중독자가 된 저는 레지던트, 군의관을 거쳐 대학병원의 교수로 임용되었습니다.

요셉처럼 무성한 가지를 드리우는 날을 기다리며(22절) 교만해 있던 어느 날, 심한 기근이 찾아왔습니다. 아내가 저 모르게 많은 빚을 졌고, 그 빚을 돌려 막다가 도리어 눈덩이처럼 불어난 것이었습니다. 할 수 없이 대학병원 교수직을 포기하고 일반 병원에 취직을 하자, 주인에서 종의 자리로 옮겨진 것만 같았습니다. 저는 심판의 은사를 가진 단 지파처럼(16절) 옳고 그름만 따지며 아내에게 "너 때문이야"를 외치면서 날마다 원망과 분노를 퍼부었고, 급기야 아내가 가출하는 지경에 이르렀습니다.

2. 왜 스불론은 해변에 거주하며, 경계가 시돈까지라고 했을까? (13절)
스불론은 후한 선물을 받았음에도 욕심으로 경계를 넘으려고 했습니다. 더 많이 가지려는 욕심 때문입니다. 그래서 시돈까지라고 경계를 정해 줍니다.

거의 2년 만에 집에 들어온 아내는 제게 "나와 살아 줘서 고맙다"는 말을 하고 눈물을 흘렸습니다. 그러고는 교회에 같이 가자고 권했지만, 저는 당신이나 잘 다니라고 하면서 주일에는 골프를 치러 다녔습니다. 어느 날 기독교 방송에서 아내가 다니던 교회의 설교를 우연히 듣게 되었고, 주일예배에 참석했다가 "악하고 게으른 종아"(마 25:26)라는 말씀이 천둥소리같이 들려 흐르는 눈물을 멈출 수가 없었습니다.

저는 스불론처럼 후한 선물을 받았음에도 더 많이 가지려는 욕심이 있었습니다(13절). 하나님께서 시돈까지라고 경계를 정해 주셨는데, 제 죄를 보지 못하고 아내를 탓한 것을 회개했습니다. 그 후 저는 교회에서 55주간 양육을 받으며 정착해 갔지만, 저를 세워 주었던 아내는 일을 하면서 밖으로 돌더니 잇사갈처럼 쉴 곳을 보기 좋게 여겨(15절) 어린아이들을 남겨 놓고 다시 집을 나갔습니다. 교회에서 "이혼은 안 된다. 아이들에게 남겨줄 최대 유산은 깨끗한 호적과 부모의 믿음"이라는 말씀을 늘 들었기에 참고 지냈습니다. 교회에서는 제가 실족할까봐 '호세아 집사'라며 칭찬했고, 사회에서는 대단한 사람이라고 인정받았습니다. 그러나 칭찬을 받다 보니 제가 정말 특별한 사람 같았고, 시간이 흐르면서 제 성품에도 한계가 왔습니다. 결국 육신의 정욕을 이기지 못하고 직장에서 여자를 만나게 되었습니다.

교회에서는 거룩한 척을 하고 있었으나 만나던 여자가 교회에 오면서 제 가면은 벗겨졌습니다. 이 사실을 알게 된 목사님이 "이제 이혼하고 재혼하라"라고 처방해 주셨을 때, 어리둥절했습니다. 그러나 제가 이혼하지 않은 상태에서 다른 여자를 만나는 것이 죄 짓는 일이며, 그 죄로 인해 구원 받지 못할까 봐 애통한 마음으로 하신 말씀임을 알게 되었습니다.

그 후, 아프리카 선교보다 힘들다는 재혼을 했습니다. 저희 부부는 별것 아닌 일로 자주 싸웠고, 결혼 7개월 만에 아이들 문제로 폭력까지 휘두르기에 이르렀습니다. 아내가 저를 경찰서에 신고해 체포될 상황까지 갔지만, 지체들의 기도와 사역자 분들의 중재로 저희 부부는 극적인 화해를 했습니다.

전처는 제게 너무 관심이 없었는데, 지금의 아내는 너무 관심이 많아서 문제라는 생각이 들자, 정말 별 인생이 없다는 것을 느꼈습니다. 아내를 폭행까지 하는 밑바닥을 찍고 나서야 제가 죽을 수밖에 없는 죄인이며, 제힘으로 할 수 있는 일이 아무것도 없음을 깨달았습니다. 저는 평화롭게 살고 있는 아내를 약탈하고 정복한 단 지파 같고(17절), 경계를 넘어 아내를 위협하는 말과 행동을 하는 요셉 지파 같습니다(22절). 오직 주의 은혜가 아니면 살아갈 수 없음을 뼈저리게 느끼며 회개합니다.

적용하기
- 가족과 공동체, 직장에서 옳고 그름으로 판단하지 않고 "네가 나보다 옳다"는 마음을 갖겠습니다.
- 내 생각과 다른 아내의 말을 경청하고, 소그룹 지체들을 위해 기도하겠습니다.

기도하기
요셉 지파같이 방종한 삶에 빠지고 우상숭배에 몰두해 멸망할 수밖에 없는 저를 살려 주시고, 동행해 주시는 하나님 아버지 감사합니다. 험악한 삶을 경험한 것으로 각 사람의 분량대로 축복하는 리더의 사명을 잘 감당하길 기도합니다.

돌아보기 Nursing
주제 도서 읽고 나누기

- 『소명』(오스 기니스, IVP)을 읽고, 독후감을 작성해 봅시다.

살아내기 Keeping
한 주의 실천 과제와 매일 큐티

- **생활숙제** 내가 받은 은사를 적어 보고, 그 은사로 가정, 교회, 직장에서 어떻게 섬길지 한 가지씩 실천해 봅시다.
- **매일큐티** 매일 큐티를 통해 한 주간 나 자신과 가정, 공동체를 어떻게 지키려 했는지 돌아봅시다.

성구 암송과 교리 요약

착하고 충성된 종
16다섯 달란트 받은 자는 바로 가서 그것으로 장사하여 또 다섯 달란트를 남기고 **마태복음 25:16**

주님은 주님 때문에 감사하고 자기 죄를 보고 눈물을 흘리는 사람에게 다섯 달란트를 맡기십니다. 그리고 열등감 없이 주인의 말에 즉시 순종해 장사를 하는 사람이 주인에게 이윤을 남깁니다.

은사의 본질
28이들은 이스라엘의 열두 지파라 이와 같이 그들의 아버지가 그들에게 말하고 그들에게 축복하였으니 곧 그들 각 사람의 분량대로 축복하였더라 **창세기 49:28**

은사는 하나님이 주신 선물이기에 좋고 나쁨이 없습니다. 내가 회개만 하면 하나님은 나의 은사를 최고로 쓰십니다. 어떤 은사가 있든지 회개하고 천국에 가면 다 똑같은 것입니다.

은사는 고난을 통과해야 발견됩니다.
밀알이 되어 죽고 썩어져서 열매가 맺힐 때까지
그만큼의 시간과 훈련을 해야 은사를 알 수 있습니다.

1. 주제 본문

10주 동안 매주 정해진 성경 본문을 묵상합니다. 본문을 요약하고, 두 가지 질문을 뽑고, 그 질문을 중심으로 묵상한 뒤 제목을 정합니다. 묵상 내용에 따른 적용하기, 말씀으로 기도하기의 형식을 따릅니다.

제목　자신만의 제목을 정합니다. 각 과의 제목과 동일한 제목을 피하고, 본문 요약을 더욱 축약해 한두 단어로 정해도 좋습니다. 가능한 본문에 나온 단어를 사용하되 자신의 스토리가 생각나도록 정합니다.

예) 검은 마음 (X), 성령 충만하여 (X), 돌을 던지고 있는 나 (O)

본문요약　철저하게 본문에 나온 내용을 바탕으로 세 줄 정도 요약합니다. 자기 생각이나 주석이 들어가지 않도록, 조사 정도만 바꿔서 현재형으로 씁니다. 성경에서 언급하지 않은 단어나 자기 해석을 피하고, 내 생각대로 말씀을 묵상하지 않도록 주의합니다. 말씀을 짧게 요약하기 위해 본문을 여러 번 묵상하면서 내 생각을 가지치기하고, 말씀의 핵심이 무엇인지 생각해 봅니다.

질문하기　본문에서 두 가지 질문을 뽑습니다. 질문을 하나만 뽑으면 자기가 생각하고 싶은 부분에만 사로잡힐 위험이 있습니다. 성경 본문에서 가장 중요하다고 생각되는 질문과 자신에게 가장 중요하다고 생각되는 질문을 하나씩 뽑습니다. '왜'를 넣어 성경 구절을 그대로 인용해 질문합니다. 말씀으로 나를 바라보는 훈련, 말씀이 나를 읽어 가도록 하는 것이 큐티입니다.

좋은 예

- 왜 예수님은 한 배에 오르셨을까? (3절)
- 왜 예수님은 시몬에게 깊은 데로 가서 그물을 내려 고기를 잡으라고 하셨을까? (4절)
- 왜 시몬 베드로는 "나는 죄인이로소이다"라고 했을까? (8절)
- 왜 그들은 모든 것을 버려 두고 예수를 따랐을까? (11절)

나쁜 예

- 성경 본문과 상관없는 질문을 뽑는 것.
- '나'라는 1인칭 시점이 들어간 질문.

묵상하기 '질문하기'에서 뽑은 두 가지 질문에 대해 묵상합니다. 질문 두 가지가 각각 다른 사건을 말하는 것이 아니라 하나의 사건으로 연결될 수 있도록 합니다. 본문의 전후 문맥을 살필 때, 성경을 주석하지 않도록 주의합니다. 또한 내 이야기로 바로 들어가지 말고 성경 스토리 안에 내 사건을 비춰 본 후 성경 본문의 언어로 내 이야기를 씁니다.

질문에 나를 대입해 내 속의 수많은 '나'와 직면하고, 가능한 구체적인 사건 위주로 작성합니다. 또한 그 사건 속에서 나는 어떤 죄인인지 구체적으로 드러냅니다. 성경 구절을 그대로 적지 말고, 성경 절수는 반드시 표기합니다. 질문 하나당 본문 해석 3-4줄, 묵상 간증 8-10줄 분량으로 작성합니다.

적용하기 마음의 결단을 하는 '내면 적용'과 손과 발이 가는 '실천 적용', 두 부분으로 나누어 작성하되 간결하게 한두 줄로 씁니다.

내면 적용의 예

- 직장에서 내 욕심과 야망을 내려놓고 구원의 사명을 잘 감당하겠습니다.
- 소그룹 모임에서 내가 체험한 하나님을 담대하게 증언하는 리더가 되겠습니다.
- 매일 말씀의 거울로 나를 비추어 인정 중독의 우상을 더 내려놓겠습니다.
- 날마다 말씀 묵상에 힘쓰며, 자녀에 대한 야망을 내려놓고 구원을 위해 기도하는 어머니가 되겠습니다.

실천 적용의 예

- 해외에 있는 큰딸에게 손편지로 사랑을 전하겠습니다.
- 평소에 남편과 아들에게 상냥하게 말하는 것이 잘 안 되는데, 하루에 한 번이라도 상냥하게 말하고 안아 주겠습니다.
- 아이들 앞에서 아내에게 분노를 표출하고, 부재중 아빠로 지낸 시간을 회개하기 위해 청소년부를 계속 섬기겠습니다.
- 목장에 나오지 않는 목원을 찾아가 안부를 묻고 심방하겠습니다.

기도하기   주제 본문에 나온 말씀을 인용해 기도문을 작성합니다(sentence prayer). 3-4줄 정도로 적습니다.

※ 각 과의 주제 본문 큐티 예시 참고

2.주일/수요예배 설교 요약

설교 내용을 간단히 요약 정리하는 것이 아니라 가능한 설교 말씀 그대로 적도록 합니다. 핵심 대지는 구분하고, 마지막에 설교를 듣고 느낀 점을 적습니다. 다만 발표할 때는 핵심 대지만 간단하게 요약하고 느낀 점 위주로 말하고, 단락별 적용 질문을 자신의 상황에 비추어 자유롭게 말해 봅니다.

주일 설교 요약 예시 (김경호)

날짜: 00년 0월 0일
제목: 인구조사
본문: 사무엘하 24:1-9

사무엘하는 다윗이 마지막까지 인구조사를 하면서 죄 짓는 것으로 막을 내립니다. 인간은 믿음의 대상이 아닙니다. 그동안 다윗의 모든 승리는 하나님이 함께하심으로 가능했습니다. 다윗이 위대해서가 아니라는 것을 보여 주는 인구조사의 죄는 무엇이고, 어떤 의미가 있는지 알아봅니다.

첫째, 하나님께서 이스라엘을 향하여 진노하셨기 때문입니다(1절).

다시 이스라엘을 향해 진노하시는 하나님입니다. 하나님은 이스라엘을 향해 전에도 진노하시고, 또다시 진노하십니다. 다윗을 격동시켜서 인구를 조사하게 하고 벌을 내리십니다. 이 일로 7만 명이나 죽게 되지만, 하나님은 100% 옳으신 분입니다. 하나님은 왜 진노하셨을까요? 사울 왕이 기브온 족속을 억

압하고 죽인 결과, 사울 자손의 일곱을 매달았고 리스바의 회개 기도를 들어 주셨습니다. 사울은 하나님의 말씀을 알아듣지 못하는 사람이었기에 하나님의 말씀을 듣는 다윗에게 사울의 죄를 물으신 것입니다. 다윗은 언제나 책임을 지는 사람이었습니다.

연대순으로 보면 인구조사는 다윗 통치 시기의 마지막에 행한 것이 아니라 밧세바 사건과 압살롬의 반란 사건 이후입니다. 하나님이 다윗의 아들을 치시고, 차례대로 예언이 성취되었습니다. 그리고 이 모든 일을 다윗 한 사람의 잘못으로 받아들였습니다. 다윗은 강간, 살인, 반역의 사건 앞에 철저하게 무능력했지만, 처절하게 회개하는 모습을 보여 줍니다.

모든 것을 지도자 왕의 잘못으로 몰고 가지만, 왕의 잘못은 백성의 잘못이기도 하다고 알려 주십니다. 이스라엘 백성의 죄는 다윗을 따르지 않고 압살롬을 따른 것입니다. 반역자, 대적자인 압살롬은 기름부음이 없었습니다. 압살롬이 이스라엘 백성의 마음을 훔쳤다고 했습니다. 백성이 압살롬의 외모와 언변에 넘어갔고, 다윗을 믿고 따르지 않은 것입니다. 백성은 사울 왕을 외모로 취하더니 이번에는 압살롬의 외모에 반했습니다. 그 후에는 사울 족속 베냐민 지파의 세바를 따릅니다.

이 일이 다윗 때문이기도 하지만, 다윗을 배반한 것은 결국 하나님을 배반한 것이기에 백성을 치리해야 했습니다. 사무엘을 따르다가 사울을 따르고, 다윗을 따르다 압살롬을 따르고, 베냐민 지파를 따르는 백성입니다. 행위가 아니라 오직 믿음으로 구원을 받기 때문에 다윗에게 구원이 있음을 깨달아야 합니다. 압살롬을 따르는 것은 하나님을 반역하는 것입니다. 스펙, 외모, 성품을 따르는 것은 하나님을 반역하는 일입니다. 하나님은 다윗의 치부를 드러내시지만, 그럼에도 다윗에게 구원이 있습니다. 하나님을 수없이 반역한 백성이 그들을 위해 세운 왕을 끊임없이 반역했습니다.

(적용) 세상 왕을 끊임없이 벗어나지 못해서 하나님이 진노하실 일은 무엇입니까?

(중략)

셋째, 인구조사의 실체는 넘버 게임입니다(2-9절).

현대 사탄의 궤계는 '수'(數)입니다. 사탄은 다윗에게 직접 방해 공작을 벌여 '넘버 게임'(numbers game)을 하게 합니다. 다윗은 단에서 브엘세바까지 인구를 조사하라고 재촉하며 명령했습니다. 요압이 '하나님은 백배나 더하실 수 있는 분'이라며 만류했지만, 다윗은 격동되었기에 요압의 바른말을 듣지 않습니다.

하나님이 알려 주신 것만 알면 되는데 내가 알고 싶은 것이 많아 늘 문제가 생깁니다. 우리는 숫자에 약합니다. 다윗의 전쟁은 하나님만 의지할 때 승리했습니다. 전쟁 전에 계수를 하면 적군의 많은 수가 두려워 싸우기가 어렵습니다. 비교 때문에 인생이 힘든 것입니다. 모세가 한 인구조사는 홍해 바다를 건넌 감사함에 계수한 것이었고, 이때는 넘버 게임이라고 하지 않습니다. 순수한 마음으로 한 것인지, 열등감 때문에 과시하려고 한 것인지가 중요합니다. 인구조사를 위해 아홉 달 이십 일 동안 시간과 물질을 쏟으며 그동안 점

령한 것을 돌아보게 했습니다. 다윗은 그동안 물리친 숫자가 궁금하고 그것을 백성에게 자랑하고 싶었을 것입니다. 좋은 생각은 빨리 적용해야 하지만 오래 생각하다가 적용하지 못하는 것이 있습니다. 이것이 혈기이고 욕심입니다. 내가 하려는 것을 누가 말릴까봐 욕심을 내고, 못하게 해서 막힐 때 혈기를 냅니다. 오늘 재촉하고 싶은 것을 참고, 하나님의 은혜로 했다고 하면서 세상의 복을 자랑하는 다윗의 모습입니다. 이것이 잘못입니다. 이런 의도로 인구조사를 한 것이 잘못입니다.

(적용) 우리가 자랑하고 두려워하는 숫자는 무엇입니까? 연봉, 자녀의 성적, 주가 지수입니까?

숫자가 올라가면 좋아하고 내려가면 두려운 것이 넘버 게임입니다. 이것이 사탄의 유혹입니다. 인구조사는 하나님이 이스라엘 백성에게 진노하신 것이고, 다윗을 격동하게 해서서 치리한 사건입니다. 인구조사는 넘버 게임이고 숫자놀음입니다. 우리는 다윗의 마지막이 인구조사의 죄로 끝나는 것을 기억해야 합니다.

느낀 점

제 아버지는 부유하고 다복한 환경에서 자라셨지만, 홀로 월남을 하셨습니다. 늘 정이 그리웠던 아버지는 어머니를 만난 후로 작은 외할아버지를 아버지처럼 모시고 결혼 비용으로 모아둔 돈을 전부 맡겼다고 합니다. 그러나 빚에 쪼

들리던 작은 외할아버지가 그 돈을 빚 갚는 데 써 버리셨고, 정작 아버지가 결혼할 때는 혼수조차 변변히 마련할 수 없었다고 합니다. 그때부터 우리 집의 셋방살이가 시작됐습니다. 초등학생 때는 매년 이리저리 옮겨다니느라 친구를 사귀기도 어려웠습니다.

　이 같은 어린 시절의 쓰라린 기억 때문에 저는 셋방에서는 살지 않으리라 굳게 다짐했습니다. 직장생활을 시작하면서 교통비를 제외한 월급의 대부분을 저축했고, 결혼할 때는 작은 빌라를 마련했습니다. 그 후 집을 팔아 구입한 강남의 작은 아파트는 시기를 잘 만나서인지 가격이 급등했고, 다시 매입한 고층아파트 또한 가격이 계속 올라 12억까지 호가했습니다. 그러니 신문을 볼 때마다 부동산 면에서 집 시세를 보는 것이 낙이었고, 우리 집 아파트 가격은 늘 자랑거리였습니다.

　직장을 퇴직하고 시작한 디자인 사무실은 처음에는 수지가 맞는 것 같더니 해가 갈수록 적자 폭이 늘어갔습니다. 결국 모자란 운영비를 주택 담보로 해결하고, 일부는 생활비로 쓰는 일이 잦아졌습니다. 불어난 빚에 미국의 금융위기 악재까지 겹쳐 아파트를 매각할 수밖에 없었고, 결국 제 다짐과 달리 셋방살이 신세가 되었습니다. 전에는 집 시세를 보면서 흐뭇했지만, 지금은 치솟는 전세가를 보기가 두려워 부동산 면은 보지 않고 넘어갑니다. 아파트를 소유했을 때도 구입 당시 대출금이 있어 온전히 제 것은 아니었지만, 친구나 지인에게 과시하기 위해 아파트 시세를 확인하고 다녔습니다. 아파트가 우상이 되어 자랑거리가 된 것입니다.

　다윗이 열등감으로 인구조사를 해서 자신의 세력을 과시하려 한 것처럼 저도 어렸을 때 이사를 다니며 가난하게 살았던 열등감 때문에 아파트 가격을 자랑한 것 같습니다. 숫자를 자랑하던 제게 하나님의 진노로 금융 위기를 주시고, 결국 몇 억의 손해를 보고 아무것도 남지 않게 하셨습니다. 그러니 높아지는 전세가에 하나님만 바라볼 수밖에 없습니다. 내가 할 수 없으니 하나님만 바라보게 하시는 것이 축복이라 생각합니다. 다가올 내일을 염려하지만 평강한 오늘을 영위케 하시고 말씀으로, 은혜로 견인해 가시는 하나님을 사랑합니다.

3. 독서물

주제 도서를 읽고 독후감을 쓰는 동안, 매 과의 주제를 좀 더 구체적으로 이해하게 됩니다. 내용을 요약하고 책을 읽으면서 느낀 점을 자신의 삶과 연결 지어 작성하도록 합니다.

제목 자신만의 제목을 정해 봅니다.

내용 요약 책을 이해하기 쉽게 각 장마다 간략하게 요약해 봅니다.

느낀점 책을 읽으면서 감동한 부분, 인상 깊은 점, 깨달은 것, 이해되지 않는 부분을 적습니다. 특히 각 과의 중심 주제가 담긴 부분을 주의 깊게 읽고, 책 속에 적용할 부분이 있다면 자신의 삶을 돌아보고, 구체적인 실천 사항을 적어 봅니다.

독후감 예시 (권혜경)

도서명: 보시기에 좋았더라
저자: 김양재
출판사: 두란노
페이지수: 323쪽

제목 : 말씀으로 해석되는 인생

내용 요약

chapter 1. 나를 도우시는 창조 사역

성부 하나님의 숨겨진 뜻이 성자 하나님의 낮아지심으로 나의 관계와 질서, 시간과 공간 안으로 들어오심을 통해 드러났습니다. 여전히 흑암과 혼돈이 있고 관계와 질서에 순종하기가 힘들지만 진리의 성령님이 효과적으로 도와주십니다. 그 도우심을 받아 창세전부터 택한 우리가 이제 새로운 창조 사역을 감당해야 합니다.

chapter 2. 보시기에 좋았더라

보시기에 좋은 인생이 되기 위해 말씀이 들려야 합니다. 우리의 혼돈과 공허, 흑암을 지극한 애정으로 품으며 내 곁의 사람들도 그렇게 품고 갈 때 '하나님이 비추시는 은혜의 빛으로 이르시되'의 말씀이 들리기 시작해 내 인생이 해석되고 환해집니다. 그리고 우리는 빛 된 인생이 되어야 합니다. 내 빛은 내 허물과 수치입니다. 하나님께서 모든 것을 창조의 시선으로 보시기에 내놓기만 하면 보시기에 좋았다고 하십니다.

(중략)

창조의 목적은 거룩이라고 하시는데, 저는 예수를 믿는다고 하면서도 말씀의 빛을 받지 못했고, 외도하는 남편으로 인해 혼돈과 공허로 흑암이 깊은 삶이었습니다. 저는 모든 것을 선악의 문제로 보고 남편의 잘못만 탓했습니다. 가인이 죄의 소원을 다스리지 못하고 빗나간 예배로 아벨을 살인했으면서도 끝까지 회개하지 않고 하나님을 떠난 것처럼, 저도 남편을 미워하고 원망하면서도 죄가 무엇인지 몰라 하나님을 떠나 죽을 인생이었습니다. 그런데 교회에서 말씀을 들으면서 남편의 외도 사건은 성자 하나님께서 나에게 꼭 맞는 사건으로 디자인하셔서 성부 하나님의 뜻을 나타내신 것으로 해석이 되었습니다. 그리고 말씀 듣는 구조 속에서 순종해 가니 나를 지으신 하나님께서는 저를 재창조해 가셨습니다.

하나님은 각기 종류대로 먹기 위해 열매를 맺으라고 하시는데 저는 각각의 종류를 인정하지 않았습니다. 먹히려고 하기보다는 내 야망대로 열매를 맺으려고 남편을 무시하고 다그치며 인정받기 위해 지나치게 열심을 냈습니다. 재혼이라는 피해 의식과 열등감으로 가인처럼 남편에게 책임을 전가하다가 선

악과를 먹은 본질적인 죄는 알지도 못할 뻔했는데, 하나님은 사건으로 저를 찾아오셔서 회개할 기회를 주시고 말씀으로 양육해 가십니다.

벌을 주신 목적은 영적 후손을 낳기 위함이라고 하셨는데, 남편의 외도를 통해 희생과 인내를 배우게 하시고 구속사의 계보에 오르는 인생이 되게 해주셔서 감사합니다. 나의 연약을 부르짖고 회개할 때, 내 옆의 힘든 지체가 비로소 여호와의 이름을 부르게 된다는 것을 알고 사명을 잘 감당하겠습니다.

4. 매일 큐티

큐티엠에서 발행하는 격월간 QT묵상지, 『큐티인』을 활용하여 일주일간 큐티를 하고, 매일 느낀 점만 간략히 적어 오는 과제입니다. 말씀 묵상 후 깨달은 점을 자신의 상황에 구체적으로 연결시켜 보고, 말씀 묵상 후 일어난 생각의 변화 등을 작성합니다. A4용지 한 장에 3일 분량이 들어가도록 큐티 하나당 4-5줄 정도 적습니다(일주일에 3일 이상).

매일 큐티 예시 (김영신)

00년 0월 0일 - 사도행전 20:28-38

바울은 장로들에게 장차 거짓 선지자가 미혹할 것을 경고합니다. 지난 3년간 자신이 본을 보인 대로 목양할 것을 부탁하고, 주의 말씀으로 교회를 맡기고 다 함께 기도한 후 목을 안고 크게 울며 작별을 합니다.

　남편이 일하던 아파트 관리 사무소에 사표를 던지고 왔습니다. 남편은 은이나 금을 탐하는 사람이 아니지만(33절), 소장이 은금을 탐하는 사람이어서 함께 일하는 것이 힘들다고 늘 얘기했습니다. 하지만 그렇게 갑자기 그만둘 줄은 몰랐습니다. 남편이 직장에서 바울처럼 사명을 감당했다면 마지막에 울어 주는 사람이 있었을 텐데 '우리'를 만들지 못하고 원수만 만들고 그만둔 것 같아 마음이 아픕니다. 저 역시 남편에게 돕는 배필이 되지 못하고 방관자로 살면서 은금만 탐한 죄가 보입니다. 남편의 실직 사건에 힘이 빠지고 낙담한 것을 회개합니다. 남편을 정죄하는 마음을 내려놓고, 남편의 입장에서 공감하고 구원의 사건이 되기를 기도합니다.

00년 0월 0일 - 사도행전 21:17-26
예루살렘에 도착한 바울은 야고보에게 문안하고 선교 보고를 합니다. 바울의 사역을 보면 할 말이 없어집니다. 저는 사명을 부르짖으며 살고 있지만 온전히 깨끗함으로 서지 못하니 열매가 없고, 문제가 끊이지 않습니다. 구원을 위해 아낌없이 시간을 내고 값을 치르는 적용을 해야 하는데 마음처럼 잘 되지가 않습니다. 바울처럼 구원의 일에 시간을 내는 적용을 하고, 사명을 잘 감당하는 인생이 되기를 기도합니다.

00년 0월 0일 - 사도행전 22:9-30
오늘 교회에서 세팅 봉사와 소그룹 모임이 있었습니다. 남편이 인도하는 첫 모임이어서 음식을 준비하는 문제로 마음이 많이 쓰였습니다. 그래도 찰밥과 반찬을 기쁘게 준비했습니다. 일주일 내내 남편이 집에 있는 것 때문에 마음이 불편했는데, 음식을 하고 세팅 봉사를 하면서 기분이 나아졌습니다. 오늘 바울이 로마 시민권자임을 당당히 밝히는 것을 보며, 남편을 리더로 부르신 하나님이 남편의 고난을 통해 증인의 삶을 살게 하시리라 믿습니다.

5. 생활 숙제

각 과의 주제에 맞는 실천 과제가 주어집니다. 예를 들어 간증문 작성하기, 기도 생활의 문제점 찾아보기 등 다양합니다. 생활 숙제를 바탕으로 한 주간 실천한 뒤 느낀 점을 적고, 그 내용이 주제와 통일성을 이루도록 합니다.

6. 성구 암송

각 과의 내용을 함축하고 있는 주제 성경 구절을 한 주간 꾸준히 암송합니다. 주제 성경을 암송하고 있으면, 해당 주제를 파악하는 데 큰 도움이 됩니다. 그러므로 마지막에 급히 외우지 않도록 주의합니다.

과제물 점검표 '하나님 앞에서'

과제	주제 큐티	주일 설교	수요 설교	독서물	생활 숙제	매일 큐티	성구 암송
01							
02							
03							
04							
05							
06							
07							
08							
09							
10							

THINK 예비목자양육 II 과제물

01 영적 예배 - 인생의 목적은 예배

- **주제 큐티** 로마서 12:1-2
- **독 서 물** 「이것이 예배이다」(A. W. 토저, 규장)
- **생활 숙제** 하나님이 기뻐하시는 영적 예배를 드리기 위해 내 몸(재물, 시간, 감정, 지식, 재능 등)을 어떻게 드릴지 적어 보고 한 주간 실천해 봅시다.
- **성구 암송** 이사야 1:18, 로마서 12:1

02 교회 - 공동체 섬기는 삶

- **주제 큐티** 창세기 1:9-19
- **독 서 물** 「겸손」(앤드류 머레이, CH 북스)
- **생활 숙제** 내가 공동체를 위해 맺어야 할 열매는 무엇이고, 그 열매로 누구를 어떻게 섬길지 한 주간 구체적으로 실천해 봅시다.
- **성구 암송** 로마서 15:1, 창세기 1:9,12

03 말의 영향력 - 온전한 말

- **주제 큐티** 야고보서 3:1-12
- **독 서 물** 「면접」(김양재, QTM)
- **생활 숙제** 한 주간 가정과 교회, 직장에서 나의 잘못과 부족을 인정하는 말을 해 보고, 느낀 점을 적어 봅시다.
- **성구 암송** 잠언 12:18, 야고보서 3:2

04 헌금생활 - 온전한 십일조

- **주제 큐티** 느헤미야 12:44-13:14
- **독 서 물** 「말씀을 먹으라」(김양재, QTM)
- **생활 숙제** 십일조와 헌금, 나머지 돈을 어디에 쓰는지 가계부를 써 본 후, 물질을 규모 있게 쓰고 있는지 점검해 봅시다.
- **성구 암송** 말라기 3:8, 느헤미야 13:12

05 주일과 예배 - 안식일

- **주제 큐티** 느헤미야 13:15-22
- **독 서 물** 「우리는 다 이겼습니다」(김양재, QTM)
- **생활 숙제** 주일예배를 잘 드리기 위해 토요일부터 성문을 닫고 준비해야 할 것을 적어 본 후, 실천한 것을 나눠 봅시다.
- **성구 암송** 마태복음 12:7-8, 느헤미야 13:17

06 결혼의 목적과 원리 - 신결혼 vs 불신결혼

- **주제 큐티** 느헤미야 13:23-31
- **독 서 물** 「결혼을 지켜야 하는 11가지 이유」(김양재, QTM)
- **생활 숙제** 결혼의 목적인 거룩을 위해 버려야 할 '나의 반'과 채워야 할 '배우자의 반'을 적어 보고 적용해 봅시다.
- **성구 암송** 에베소서 5:24-25, 느헤미야 13:27

07 그리스도인의 인간관계 - 속은 자, 속인 자

- **주제 큐티** 여호수아 9:16-27
- **독 서 물** 「날마다 살아나는 큐티」(김양재, QTM)
- **생활 숙제** 내가 속은 사건에서 나의 교만과 욕심을 찾아 보고 회개 기도문을 작성해 봅시다.
- **성구 암송** 골로새서 3:22, 여호수아 9:27

08 중독과 은혜 - 고백의 능력

- **주제 큐티** 여호수아 10:15-27
- **독 서 물** 「중독과 은혜」(제럴드 메이, IVP)
- **생활 숙제** 끊지 못하는 중독과 숨겨진 죄를 하나님께 고백한 뒤 공동체에 중보기도를 요청합시다.
- **성구 암송** 시편 139:23-24, 여호수아 10:16-17

09 구속사의 핵심 - 그는 나보다 옳도다

- **주제 큐티** 창세기 38:12-30
- **독 서 물** 「하나님의 은혜」(제럴드 싯처, 성서유니온)
- **생활 숙제** 나의 구원과 거룩을 위해 희생한 사람을 떠올려 보고 감사 편지를 써 봅시다.
- **성구 암송** 디도서 2:14, 창세기 38:26

10 은사와 기질 - 분량대로 쓰임 받기

- **주제 큐티** 창세기 49:13-28
- **독 서 물** 「소명」(오스 기니스, IVP)
- **생활 숙제** 내가 받은 은사를 적어 보고, 그 은사로 가정, 교회, 직장에서 어떻게 섬길지 한 가지씩 실천해 봅시다.
- **성구 암송** 마태복음 25:16, 창세기 49:28

성구 암송

01 영적 예배 – 인생의 목적은 예배

사 1:18 여호와께서 말씀하시되 오라 우리가 서로 변론하자 너희의 죄가 주홍 같을지라도 눈과 같이 희어질 것이요 진홍같이 붉을지라도 양털같이 희게 되리라

롬 12:1 그러므로 형제들아 내가 하나님의 모든 자비하심으로 너희를 권하노니 너희 몸을 하나님이 기뻐하시는 거룩한 산 제물로 드리라 이는 너희가 드릴 영적 예배니라

02 교회 – 공동체 섬기는 삶

롬 15:1 믿음이 강한 우리는 마땅히 믿음이 약한 자의 약점을 담당하고 자기를 기쁘게 하지 아니할 것이라

창 1:9,12 하나님이 이르시되 천하의 물이 한곳으로 모이고 뭍이 드러나라 하시니 그대로 되니라 …… 땅이 풀과 각기 종류대로 씨 맺는 채소와 각기 종류대로 씨 가진 열매 맺는 나무를 내니 하나님이 보시기에 좋았더라

03 말의 영향력 – 온전한 말

잠 12:18 칼로 찌름같이 함부로 말하는 자가 있거니와 지혜로운 자의 혀는 양약과 같으니라

약 3:2 우리가 다 실수가 많으니 만일 말에 실수가 없는 자라면 곧 온전한 사람이라 능히 온몸도 굴레 씌우리라

04 헌금생활 – 온전한 십일조

말 3:8 사람이 어찌 하나님의 것을 도둑질하겠느냐 그러나 너희는 나의 것을 도둑질하고도 말하기를 우리가 어떻게 주의 것을 도둑질하였나이까 하는도다 이는 곧 십일조와 봉헌물이라

느 13:12 이에 온 유다가 곡식과 새 포도주와 기름의 십일조를 가져다가 곳간에 들이므로

05 주일과 예배 – 안식일

마 12:7-8 나는 자비를 원하고 제사를 원하지 아니하노라 하신 뜻을 너희가 알았더라면 무죄한 자를 정죄하지 아니하였으리라 인자는 안식일의 주인이니라 하시니라

느 13:17 내가 유다의 모든 귀인들을 꾸짖어 그들에게 이르기를 너희가 어찌 이 악을 행하여 안식일을 범하느냐

결혼의 목적과 원리 – 신결혼 vs 불신결혼

엡 5:24-25 그러므로 교회가 그리스도에게 하듯 아내들도 범사에 자기 남편에게 복종할지니라 남편들아 아내 사랑하기를 그리스도께서 교회를 사랑하시고 그 교회를 위하여 자신을 주심같이 하라

느 13:27 너희가 이방 여인을 아내로 맞아 이 모든 큰 악을 행하여 우리 하나님께 범죄하는 것을 우리가 어찌 용납하겠느냐

07 그리스도인의 인간관계 – 속은 자, 속인 자

골 3:22 종들아 모든 일에 육신의 상전들에게 순종하되 사람을 기쁘게 하는 자와 같이 눈가림만 하지 말고 오직 주를 두려워하여 성실한 마음으로 하라

수 9:27 그날에 여호수아가 그들을 여호와께서 택하신 곳에서 회중을 위하며 여호와의 제단을 위하여 나무를 패며 물을 긷는 자들로 삼았더니 오늘까지 이르니라

08 중독과 은혜 – 고백의 능력

시 139:23-24 하나님이여 나를 살피사 내 마음을 아시며 나를 시험하사 내 뜻을 아옵소서 내게 무슨 악한 행위가 있나 보시고 나를 영원한 길로 인도하소서

수 10:16-17 그 다섯 왕들이 도망하여 막게다의 굴에 숨었더니 어떤 사람이 여호수아에게 고하여 이르되 막게다의 굴에 그 다섯 왕들이 숨은 것을 발견하였나이다 하니

09 구속사의 핵심 – 그는 나보다 옳도다

딛 2:14 그가 우리를 대신하여 자신을 주심은 모든 불법에서 우리를 속량하시고 우리를 깨끗하게 하사 선한 일을 열심히 하는 자기 백성이 되게 하려 하심이라

창 38:26 유다가 그것들을 알아보고 이르되 그는 나보다 옳도다 내가 그를 내 아들 셀라에게 주지 아니하였음이로다 하고 다시는 그를 가까이하지 아니하였더라

10 은사와 기질 – 분량대로 쓰임 받기

마 25:16 다섯 달란트 받은 자는 바로 가서 그것으로 장사하여 또 다섯 달란트를 남기고

창 49:28 이들은 이스라엘의 열두 지파라 이와 같이 그들의 아버지가 그들에게 말하고 그들에게 축복하였으니 곧 그들 각 사람의 분량대로 축복하였더라

MEMO

MEMO

MEMO

MEMO

THINK 예비목자양육 II

초판 발행일 | 2017년 2월 23일
개정증보 4쇄 | 2022년 2월 10일

발행인 | 김양재
편집인 | 김태훈
기획 | 이승민
편집자문 | 정정환 정지훈 박지선
편집장 | 정지현
편집 | 김수연 진민지
디자인 | 디브로㈜

발행처 | 큐티엠
주소 | 경기도 성남시 분당구 판교공원로2길 22, 4층 큐티엠 (우)13477
편집 문의 | 070-4635-5318 **구입 문의** | 031-707-8781
팩스 | 031-8016-3193
홈페이지 | www.qtm.or.kr **이메일** | books@qtm.or.kr
인쇄 | ㈜신우디앤피
총판 | ㈔사랑플러스 02-3489-4300

ISBN | 979-11-89927-02-8 04230
　　　　 979-11-89927-00-4 (세트)

Copyright 2017. QTM. All rights reserved.

이 책은 저작권법에 따라 보호받는 저작물이므로 무단 전재와 복제를 금합니다. 이 책에 실린 글과 그림, 사진의 모든 저작권은 큐티엠에 있으므로 큐티엠의 사전 서면 동의 없이 복제 내지 전송 등 어떤 형태로도 사용할 수 없습니다.

잘못된 책은 구입하신 곳에서 바꿔드리며, 책값은 뒤표지에 있습니다.

큐티엠(QTM, Quiet Time Movement)은 '날마다 큐티'하는 말씀묵상 운동을 통해
영혼을 구원하고, 가정을 중수하고, 교회를 새롭게 하는 일에 헌신합니다.

이 도서의 국립중앙도서관 출판예정도서목록(CIP)은 서지정보유통지원시스템 홈페이지(http://seoji.nl.go.kr)와 국가자료종합목록시스템(http://www.nl.go.kr/kolisnet)에서 이용하실 수 있습니다. (CIP제어번호 : CIP2019004652)